人生小語

獻給母親

——作爲她七十生日的禮物

我喜愛

——代序

我喜愛那深深的晨早，遠甚那沉沉的午夜。

山巒依舊是沒有分際的黑，可是山後的天卻隱隱透露出晨曦的微明。月兒清清冷冷地懸掛著，守衛蒼穹的秩序；星星明亮地眨著靈魂的利眼，對著愛好眞純的人們微笑。

我喜愛那深深的晨早，遠甚那沉沉的午夜。

白日的虛僞與荒誕早已煙消，就是黑夜的罪惡與殘暴也已疲乏沉睡。邪說平息，鬥爭中止。險惡的人心也已無力，就連愛說愛唱的百鳥千蟲也要暫時歇息。

我喜愛那深深的晨早，遠甚那沉沉的午夜。這是寧靜勝於喧囂的時刻，無聲比有聲動人的時刻。看天上那些明亮的眼睛閃現的信息和情意；聽那山村裏稀稀落落的報曉的多餘啼聲。

山巒雖然依舊是沒有分際的黑。但並非萬物就沒有了區別。就在那烏黑裏，轉瞬間，一切就要顯現。善惡就要澄清，眞僞就要分明。

我喜愛那深深的晨早，遠甚那沉沉的午夜

……

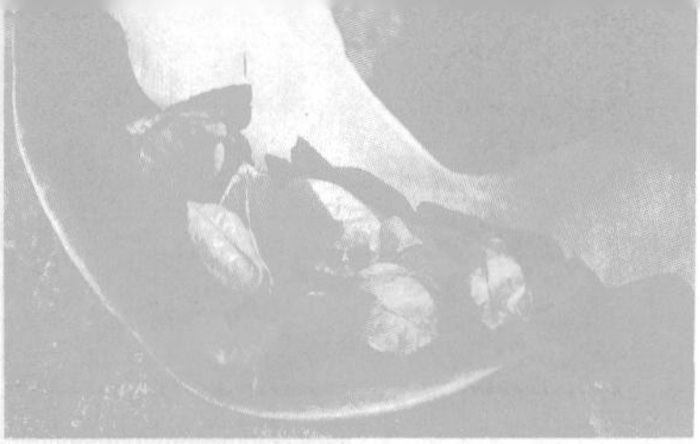

一

深刻的愛心往往是種纏綿的困情。
（我們畢竟是活在泥土上的生靈。）

二

眞正的深情含有一份敬意，一種深恐破滅與傷害的心情。

三

在愛情之中，人們接觸到性靈的神妙處，也接觸到人性的精微處；因此生發一份深恐敗壞性靈的關心和一種試圖維護人性的願望。

四

每一個愛心的故事都是人性的故事。

五

每一句戀愛的誓語都是性靈的聲音。

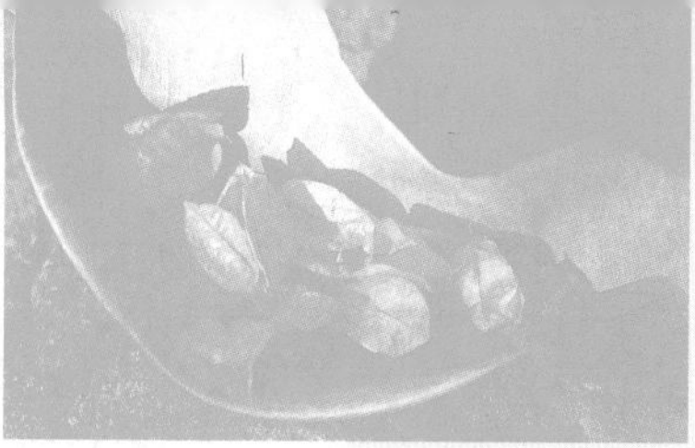

愛使人充滿人性。

六

愛情中的誓語不只表達現實的決定，它更爲人性立下一個深刻的定義。

七

愛情的誓語不只是對戀人的保證，它也是對愛的本質之刻繪和闡揚。

八

在愛情之中，我們接觸到人性的強處，同時也面臨人性的弱點。

九

在愛情之中，我們所成全的大多是個人的現實，可是我們所敗壞的却往往是人性的理想。

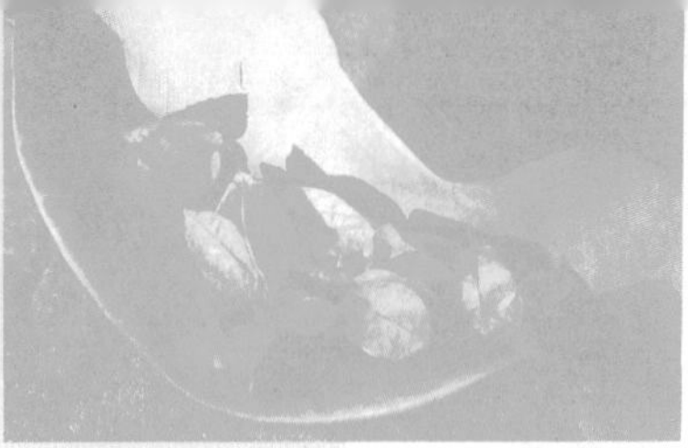

一〇

辛苦的情思可能只為愛心保存了毫秒的原樣，可是縱情的結果却將人性敗壞得面目全非。

一一

愛情之中有一份謙卑。
愛情之中另有一份驕傲。

一二

愛情的謙卑來自我們對愛心的本質之尊重與崇敬。
愛情的驕傲起於我們辛苦衞護了人性尊嚴所興發的意氣高揚。

一三

人生的意義在於創造，而不在於擁有。

一四

不論一個人有多大的能力，多大的才華和多大的雄心，

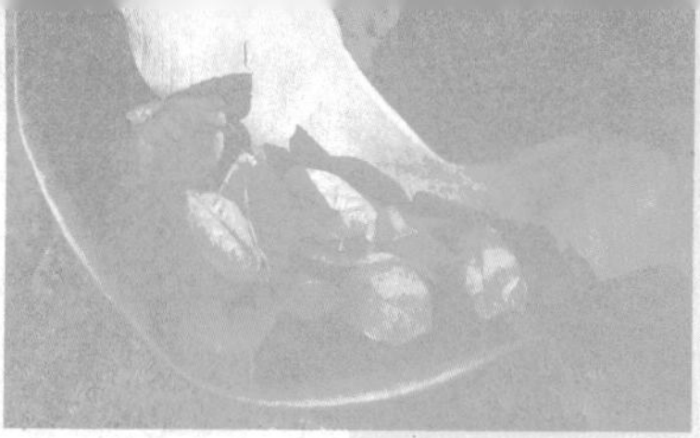

他都無法擁有這個世界。

他只能努力改造它。

（這是人生的限制，也是人性的希望。）

一五

情像春暉一樣，你能夠享受它的光和熱，但卻無法擁有它的光源。

（愛與戀正是如此。）

一六

（愛在不斷的創造中再生，在停止追求裏死亡。）

愛情的眞義不在於擁有對方，而在於同心參與創造的默契和親密。

一七

兩心所以互相吸引，因爲它們之間有一段適當的距離和美好的關係——兩者缺一不可。

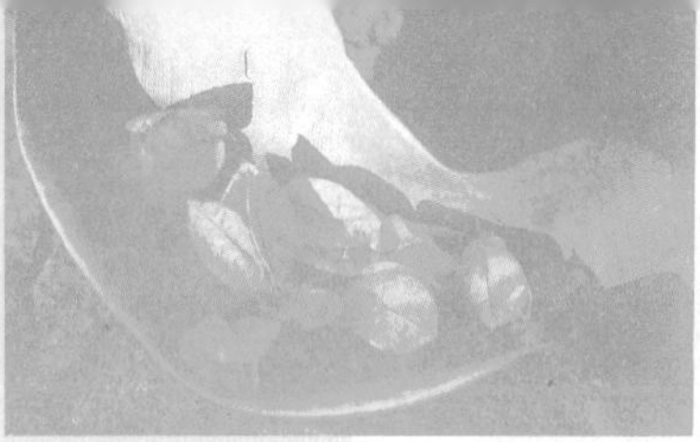

一八

情的吊詭是：保持適當的距離，產生良好的感應；強令界限消失，徒增情意的模糊，加速感情的變質。

一九

情的吊詭是：佔有反而消失，存他因而保全。

二〇

愛是一顆苦苦存他的心。

二一

沒有距離的情，是自己對自己的情。不分你我的愛，是自己對自己的愛。

二二

熱戀時，對方一時融入自我，彼此短暫地遺忘了距離。

二三

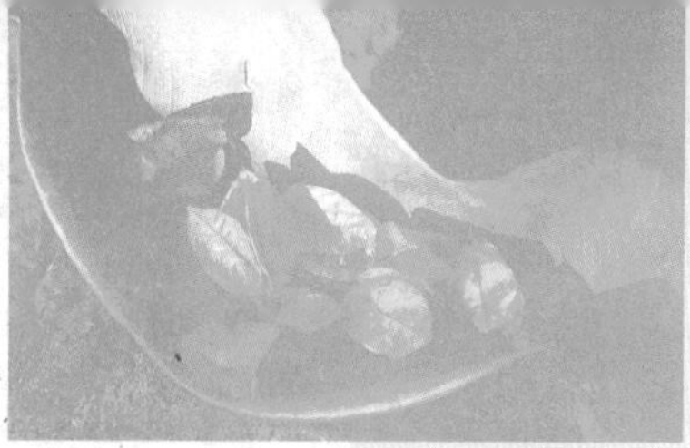

沒有距離的愛，往往沒有將對方當做一個完整無缺的人看待。

二四

沒有距離的愛，往往只是一種自私的情。

二五

兩情之間的共同分享，並不表示彼此必定沒有祕密。

二六

希望保持自己的祕密未必一定是種自私的行爲。可是強求分享對方的祕密卻往往是種自私的表現。

二七

小小的祕密有時是人生的喜悅。可是天大的祕密卻常常是生命的重壓。

二八

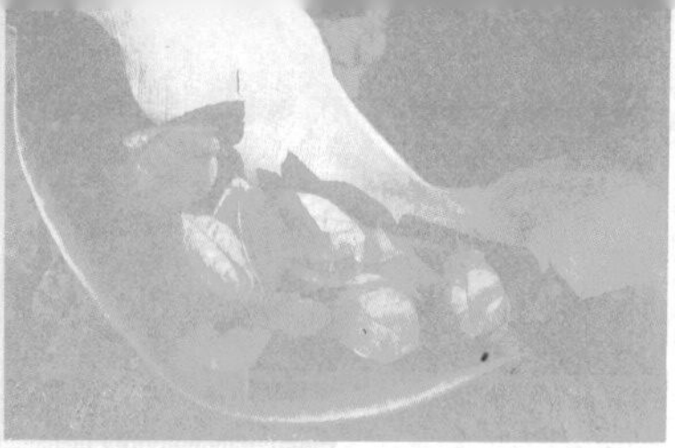

情的發揚面對着感應和投注的對象。當兩人的距離消失時，只剩下自己對自己的感應和自己對自己的投注。

二九

在愛情之中，要求與對方合一不是浪漫式的空想，就是自然欲望的要求。

三〇

人在戀愛中充滿浪漫的幻想，有時甚至與發欲望上的要求。

三一

不必琢磨而天生自然的，多少帶着獸性的成份。

三二

人性像玉石一樣，它的光彩是琢磨出來的。

三三

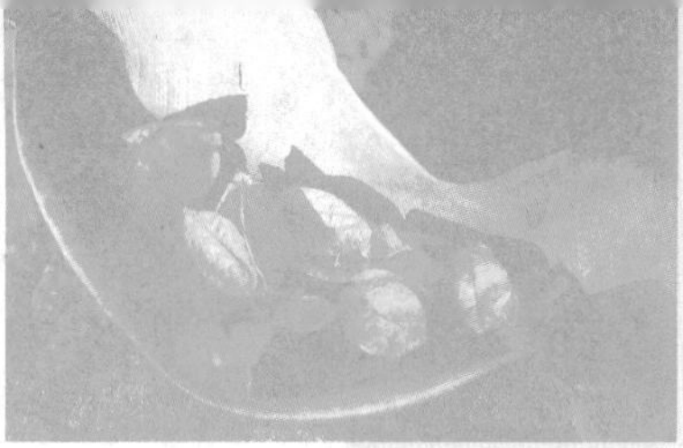

在人生裏，那些珍貴的，全是費盡心血，用遍努力，才辛苦得到的。

（隨手可取，俯拾皆是的，沒有一樣是具有永恒的價值。）

三四

人性多麼纖弱，需要不斷的磨鍊、再生和鼓勵。

（我們需要不斷由自己和從他人那兒得來的期許和誓願。）

三五

人性的成全最似逆水行舟，不進則退。

三六

常常在一瞬之間種下的遺憾，一世也無法彌補。可是長年辛苦的成果，卻在轉眼之間化爲烏有。

（人性的成全往往最是如此，感情的建立亦然。）

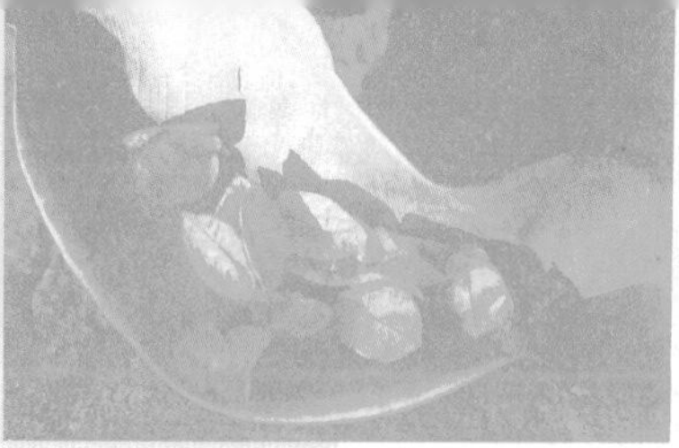

三七

人類的希望在於他具有抵制和抗拒潛藏生命中那天生自然的獸性之可能。

三八

人與禽獸的分別幾希——能夠立志不盲從天生自然的獸性而已。

三九

二十世紀有些人試圖把人類構想成猴子樣的膚淺，但却發現猴子比他們想像的更有靈性。

四〇

人性的建立沒有不勞而獲的事。

四一

堅忍完成的理性是眞正的理性。
痛苦培養的感情是深摯的感情。

四二

僥倖就能成全的，不是人生的大業。

四三

人性的完成是一個辛苦的歷程。
人性的快樂是苦中之樂。

四四

人性交諸我們手中，就看我們終久把它活成什麼模樣。

四五

我們的一生不只將自己活成什麼模樣，同時也把人性塑造成什麼模樣。
（每一個人生都是生命的榜樣——只是到底是個好榜樣，是個壞榜樣，或是個可有可無，無關緊要的榜樣。）

四六

深刻的愛心往往是一種纏綿的同情。

聖人活出凡人達不到的高超的生命榜樣。

有一天，當我們體認到人生的眞諦時，我們會不禁長嘆：以往並沒有眞正活過！

（很多人一生當中都沒有眞正活過。）

四七

過分的矯飾變成迂腐，一味的放縱淪爲禽獸。

四八

我們的文化是否健康，就看我們在神性與獸性之間，是否尋覓到一個能令人性駐足發展的平衡點。

四九

理性不是抖掉文化之後所顯現的赤裸本性。理性是防止赤裸的本性隨意暴露所建立的文化修養。

（這是人與獸的區分，也是文明和野蠻的區別。）

五〇

理性不僅是一種天性與習慣，它更是一種成熟的鍛鍊和苦苦維持的傳統。

五一

理性不僅是一種創造與發揚，它更是一種堅忍與克制。

（理性像是愛一樣——沒有割愛，也就沒有愛。）

五二

感情的飛揚不是爲了保衞堅強理性的建立。

理性的建立却爲了維護優美感情的飛揚。

（人是理性的動物，人也是——而且更該是——有情的動物。）

五三

理性正好像感情一樣，不是遺傳天生的。它是在生活形式的傳統裏，學習得來的。

（愛心亦然）。

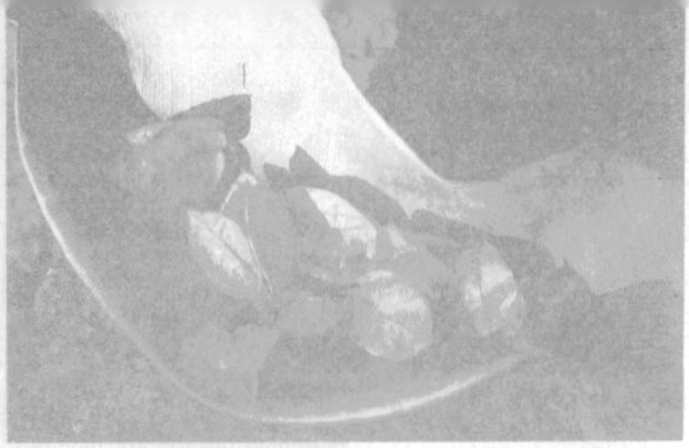

五四

愛是一份感情，也是一襲傳統。
我們在不同的生活形式裏，學到了不同形式的愛。

五五

並非有歷史就有傳統。
岩石和砂礫都有歷史，但是它們却沒有傳統。

五六

歷史是時間的產物。
傳統却是文化的結晶。

五七

時間是自然所賦與的，文化却是自己所創造的。

五八

人是傳統的動物。

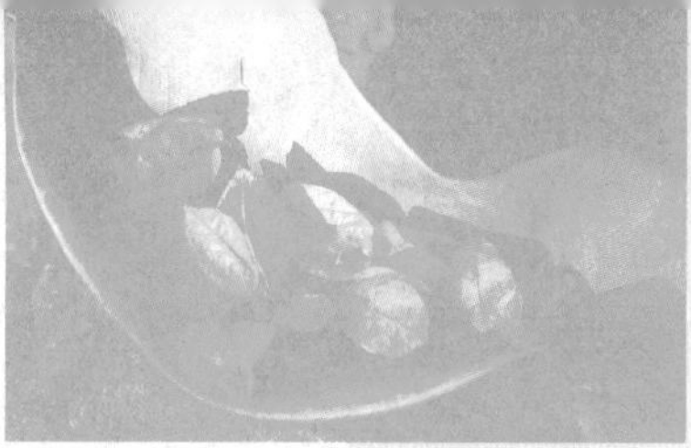

五九

我們在傳統中，造就了人性——造就了人類的理性和造就了人種的感情。

六〇

人類在歷史裏造就文化。文化使人類的歷史與衆不同。

六一

人類的歷史是文化的歷史。人獸之間的差異，在於文化史上的差異。

六二

人性在傳統的鏡子裏，顯現了它確切的面貌。傳統的鏡子卻在時光的流轉中，細細地琢磨出新的平面來。

六三

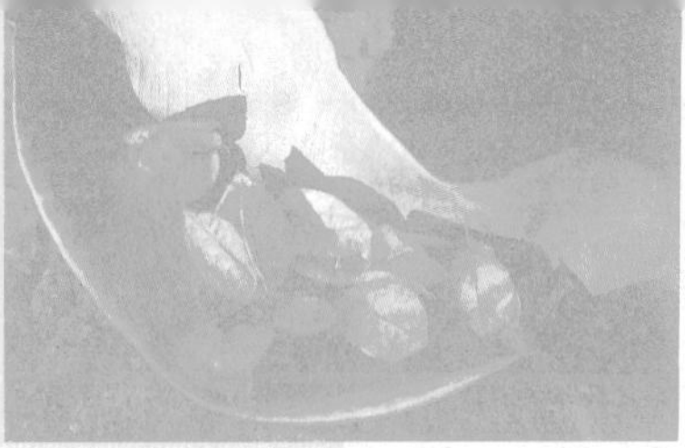

在歷史的流影裏，我們不只表露出個人的人性面貌，
同時也顯現了傳統文化的造型。

六四

人性是文化的產物——理性如此，感情也是如此。
（雖然人性的可能是天賜的種子。）

六五

每一個人都是傳統下的人，但他却可以進一步參與開
創新的傳統。

六六

沒有傳統，人類不知什麼是理性。
沒有傳統，人類不知怎樣愛。
（只知男女不是愛，禽獸也會男女。）

六七

文明是人類有意改變生活形式的創作成果，它不是時

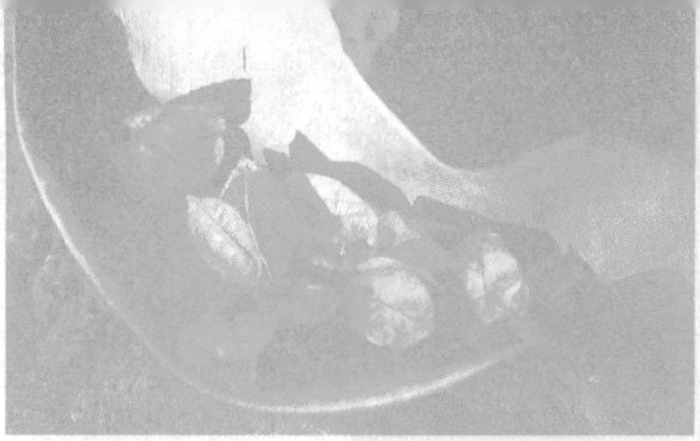

間帶來的自然遺跡。

（野獸沒有文明，即使牠們也有進化。）

六八

每一個文明人都因襲先人不斷的創造，而顯現出今日的人性。

六九

傳統的鏡面上，照出了人類個別的形影。個別人類的面貌上，又反映着傳統文化的迴光。

七〇

尊重歷史文化的人，是個對前人的辛勞心生感激的人。

七一

不知尊重傳統的人，是個盲目自大的人。有時甚至是個無情無義的人。

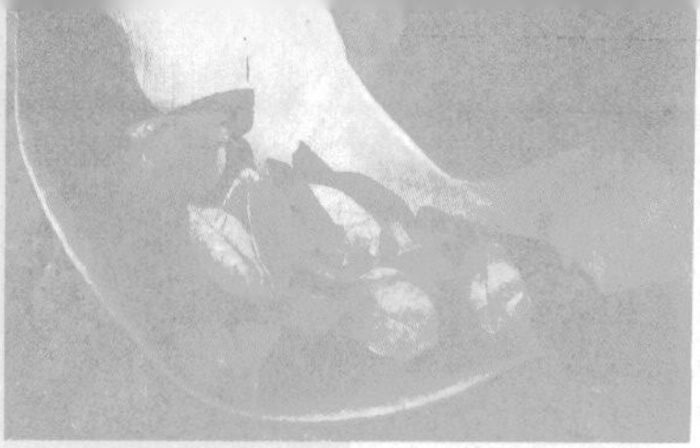

七二

自大是無知的密友，但它卻是客觀的死敵。

七三

盲目使人自大，狹隘使人自大，短見使人自大，無情無義使人自大。

七四

有所愛者有所敬，有所敬者有所懼。
（無所懼者無所敬，無所敬者無所愛。）

七五

聲明自己要做眞小人的人，是個無所敬懼的人。

七六

文明不但出自靈感，而且也起於需要。

七七

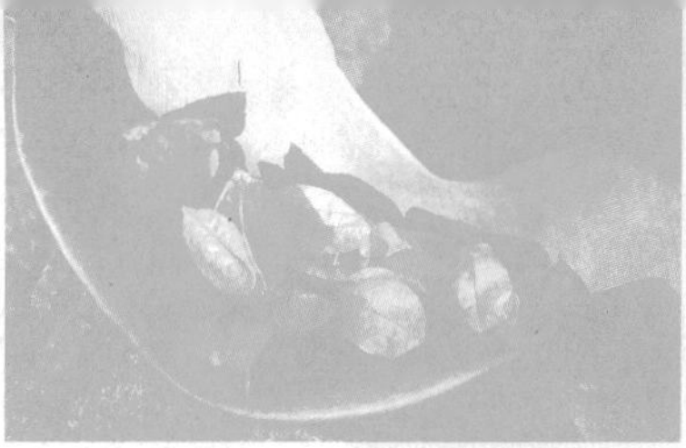

現在因爲還有文明的人，因此有些人可以利用野蠻的手段，投機取巧，損人利己。如果有一天，世上盡是些野蠻人，大家就會熱切期望文明早日重臨。

七八

像男女之事這種與生俱來的能力與興趣，的確是自然不過的事。但是它們本身並不帶有什麽美好的價値。（不必琢磨而天生自然的，多少帶着獸性的成份。）

七九

絶對的坦白也許是絶對的眞實，但却不一定是絶對的優美，也不一定是絶對的善良。

八〇

性是一種坦白。
愛是一種眞實、優美和善良。

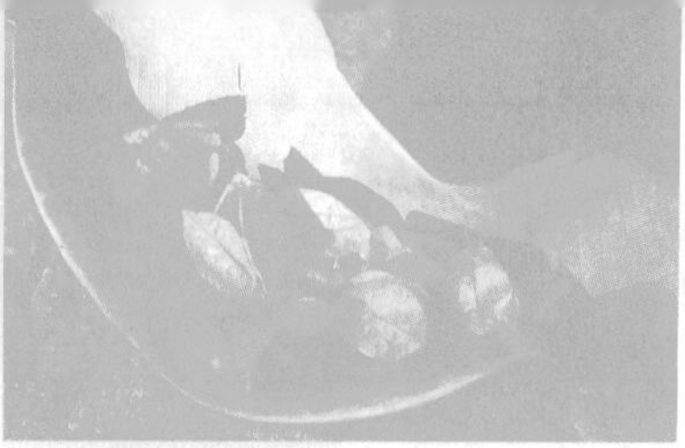

八一

絶對的解放也許是絶對的自由，但却不一定是絶對的快樂，也不一定是絶對的幸福。

八二

性是一種解放。
愛是一種快樂和幸福。

八三

性不必利用愛加以美化，雖然愛可以令性的滿足優美而增強。

八四

性的滿足並不是愛的快樂。

八五

「做愛」是個不通的名詞。它既沒表示性的天生自然，又好像隱含愛的矯揉做作。

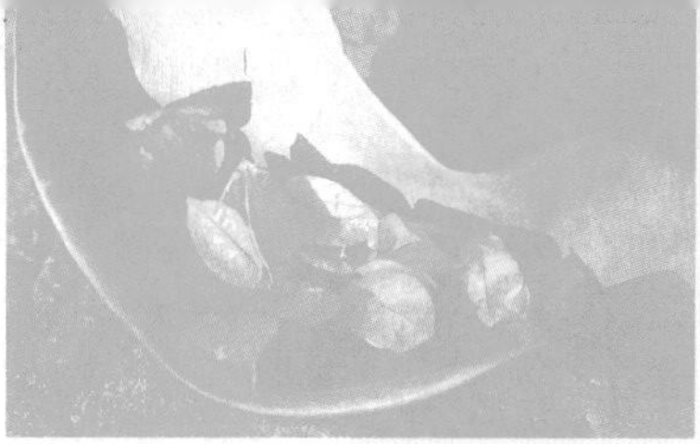

八六

愛使性的滿足達到更高的境界。然而性卻無法令愛的快樂更加深刻。

（相反地，性往往令愛的感情蒙上一層膚淺的顏色。）

八七

純眞的愛情尋求以心相許。熱烈的欲望投向以性相交。

八八

性往往使愛變得撲朔迷離。愛卻經常令性變成透明清澈。

八九

有時性是愛的溫度計，但是通常困苦才是眞情的寒暑表。

九〇

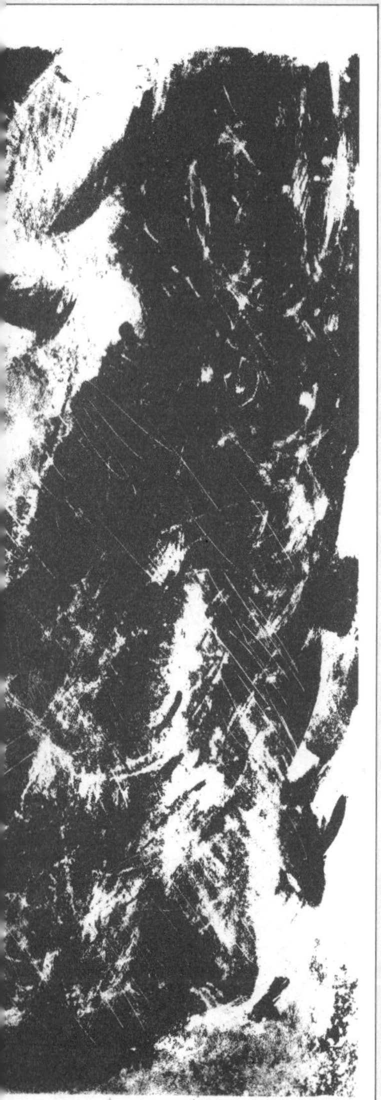

人性的完成是一個
辛苦的歷程。
人性的快樂是
苦中之樂。

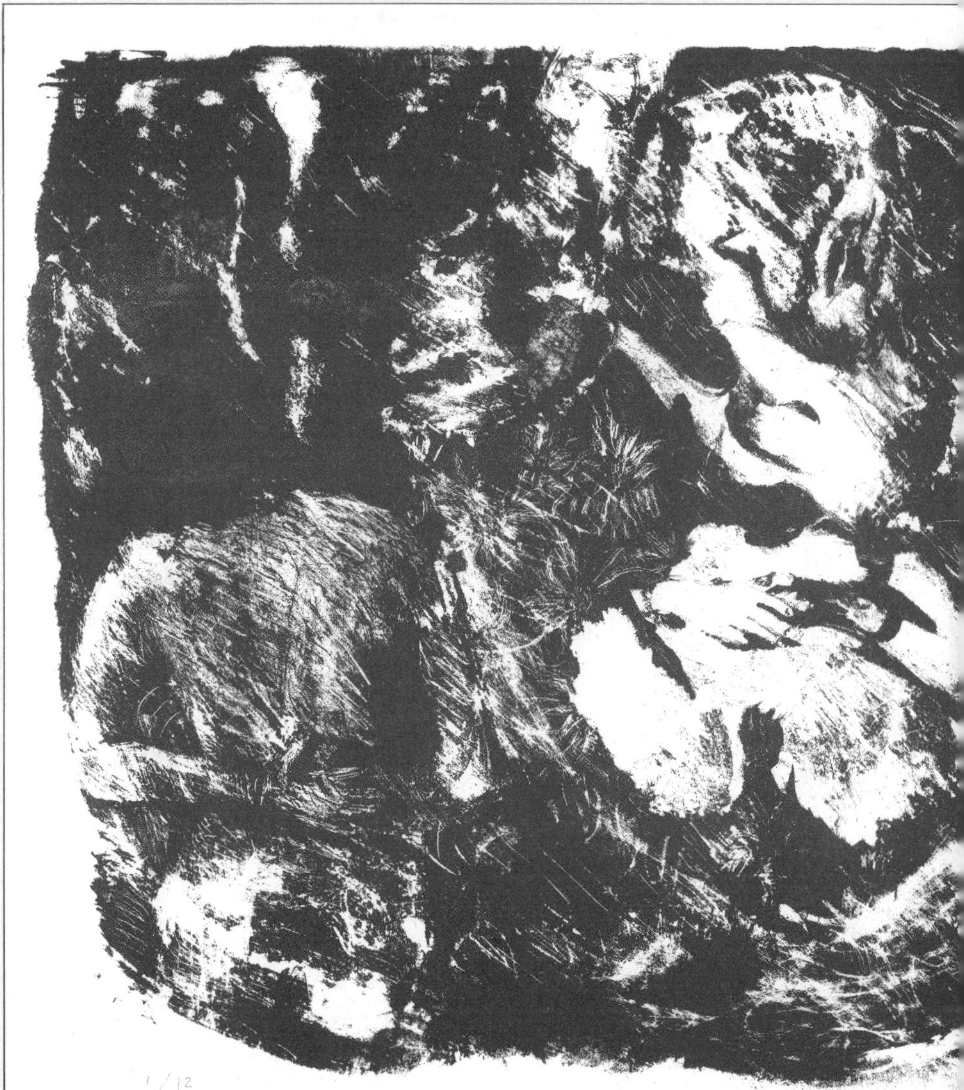
1 / 12

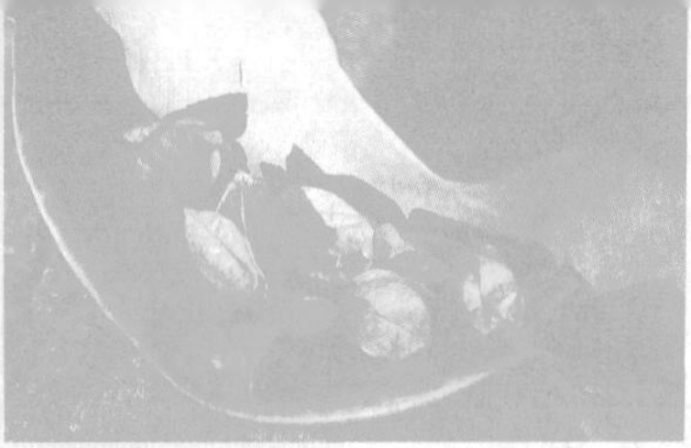

沒有愛，性只是一件自然的事。
有了愛，性的事增加了人生的意義與價值。

九一

性是一種對愛的眞誠的無條件的坦白。
愛是一份對性的意義與價值的眞情保證。

九二

愛在摻雜着性念裏顯得曚昧不堪，它在過濾了性事之後變成清澈見底。

九三

微笑有時是種明顯的示意，有時却只是一種含蓄的容忍。

九四

性不是愛的語言，雖然有時它是情的微笑。

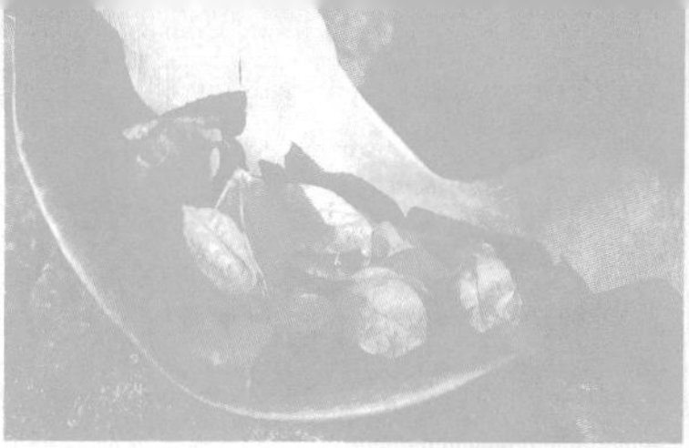

九五

性與愛的區別在於一種放任的踰越，再也失去那份愼重驚怕的心情。

（眞正的深情含有一份敬意，一種深恐破滅與傷害的心情。）

九六

在愛情之中，性也可以變成浪漫而又端莊。

九七

愛情向浪漫處舒展。性事往端莊裏收斂。

九八

（凡是天生自然的，多少帶着獸性的成份）。

我們必須承認性事中的獸性成份，在愛之中，善用情的微笑將之馴服。

（微笑有時是種明顯的示意，有時却只是一種含蓄的容忍。）

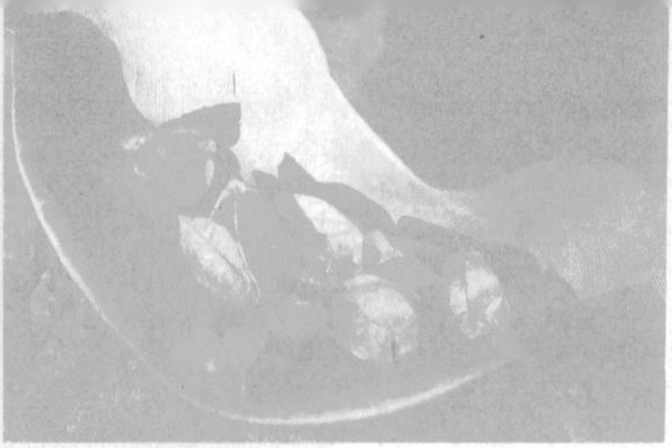

九九

愛中的性事起於温柔，也終於温柔——強霸只是途中戲弄的風浪。

一〇〇

性和衣着一樣，無之虛欠受苦，過多則臃腫累贅。

一〇一

性也和衣飾一樣，不應流爲濫用低俗，應該追求樸素高貴。

一〇二

少不更事時，性可能被誤作愛情中好奇的獵物。但無論如何，不可將之視爲較量英勇的戰績。

一〇三

愛的頂峯是一番柔細，性的高潮是一陣爆發。

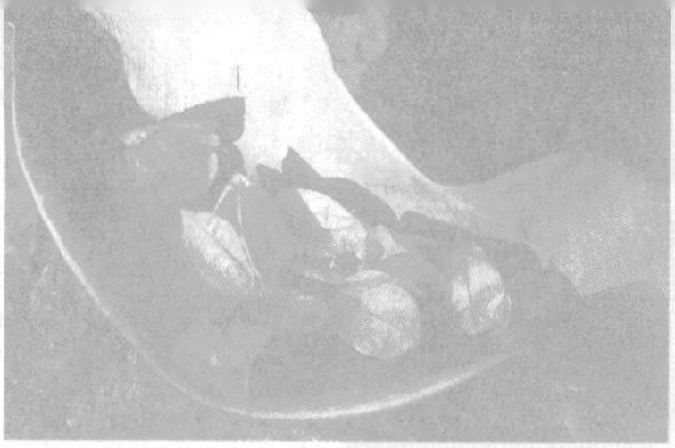

一〇四

以愛為名的，不應在對方發洩自己多餘的體力和精神。雖然有愛在心的，有時容許對方的發洩。

（微笑有時是種明顯的示意，有時却只是一種含蓄的容忍。）

一〇五

如果我們將之比喻為遊戲的話，愛情的遊戲是贏則雙方共榮，輸則兩敗俱傷。

（其他許多遊戲都是一方勝利，則另一方敗北。）

一〇六

眞正的愛情是一個人的成就就是兩個人的成就，一個人的失敗等於兩個人的失敗。

一〇七

無憂的戀，分不清是動心或是愛情。

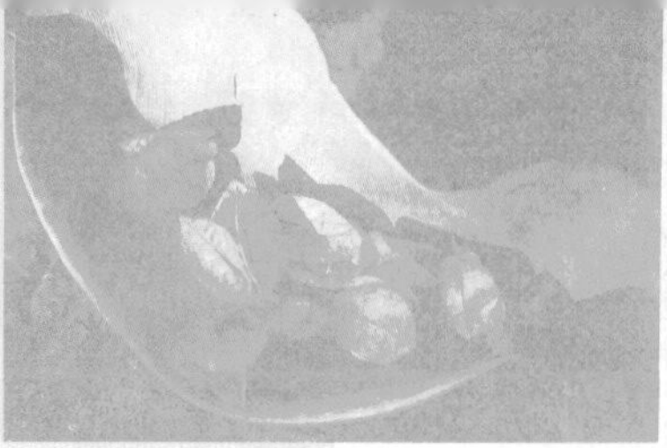

一〇八

人間許多眞摯的愛，都是一份受困的深情。

（深刻的愛心往往是種纏綿的困情。）

一〇九

沒有困情的愛，是還未接受考驗的情。

一一〇

愛在困苦之中，提煉出它的精華。

一一一

困苦的心情令愛的意念更加深刻和淨化。它也令情的決心更加堅定和持久。

一一二

感情之前人人平等。

（雖然情的境界有高下，情的涵量有深淺。）

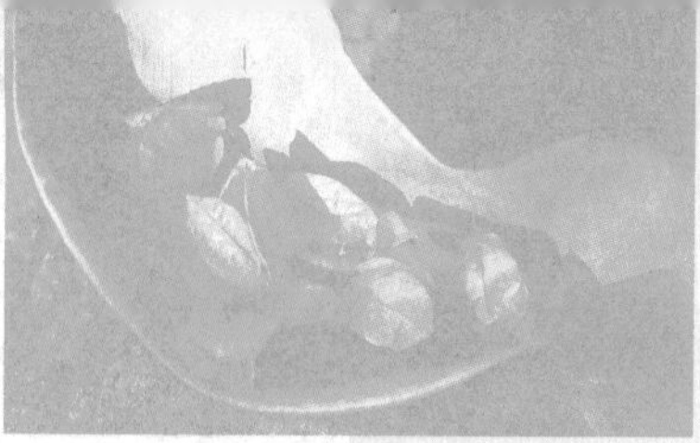

一一三

在許多人事上，人有強者與弱者之分。可是在感情之前，每一個人都是強者，每一個人也都是弱者。

一一四

在感情之前，沒有英雄與豪傑；只有眞心與善心的人。

一一五

情只能溫柔贏取，無法強力爭奪與霸佔。

一一六

在情裏，常常強者反弱，弱者却強。

一一七

情感之中需要適當的智慧，但却難容過多的聰明。（尤其是那種自以爲是的小聰明。）

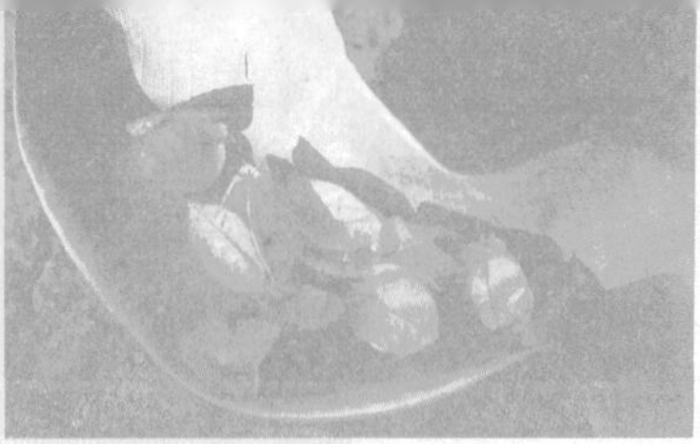

一一八

在愛的成功裏，我們不妨閉眼沉醉。可是在情的失敗中，我們就得冷靜端莊。

一一九

戀愛成功時，含藏着感情轉向變質的危機。戀愛失敗時，是我們能否堅守感情本質的考驗。

一二〇

人容易在情的成功裏變質，却在愛的失敗中墮落。

（在其他方面也常如此：成功是變質的危機，失敗是墮落的險境。）

一二一

當我們要愛的時候，或許可以勇往直前。

可是當我們要恨的時候，絕對應該力忍三思。

一二二

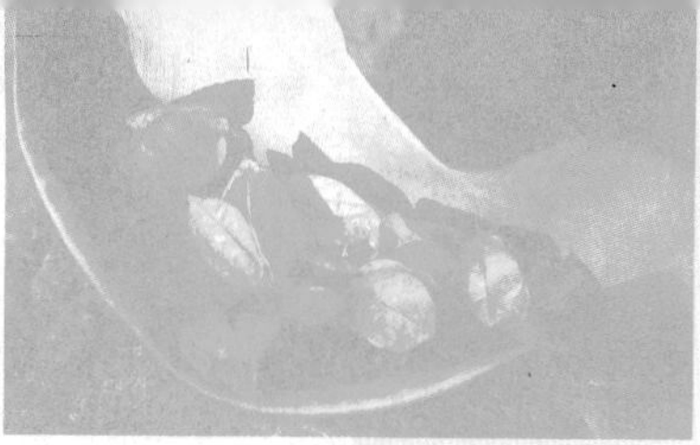

愛也許不能給人帶來幸福。
恨却容易令人蒙受災難。

一二三

因爲我們所愛的人愛，我們就跟着愛，這是天眞。
因爲我們所愛的人恨，我們就跟着恨，這是盲目。
因爲我們所恨的人恨，我們就反過來愛，這是無知。
因爲我們所恨的人愛，我們就反過來恨，這是邪惡。

一二四

愛是一種互相的尋覓和互相的發現。
（不只戀情才是如此。）

一二五

愛是在對方的心靈裏，播下情的種子。
情是在彼此的生命中，孕育出愛的新芽。

一二六

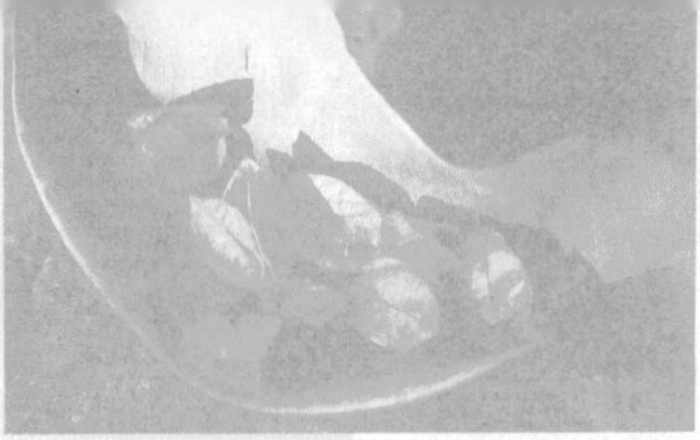

情在人間所尋覓到的，不只是對方的品格和深意；更是人性的光芒和愛心的理想。

一二七

戀愛令「年青」的人成熟，却令成熟的人「年青」。

一二八

戀愛令聰明的人癡儍，也令癡儍的人聰明。

一二九

愛爲人生開闢一個新的境界。愛爲生命指出一個新的意義與方向。

一三〇

愛爲人性的提升，做出一個明確的肯定。（愛使人充滿人性。）

一三一

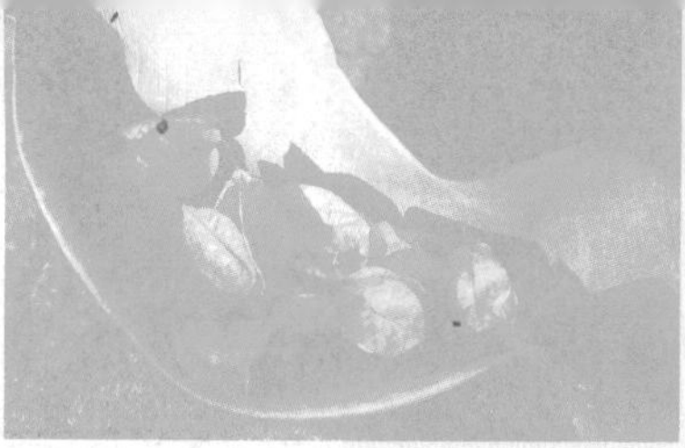

有些關係是二人之間的關係，有些關係是多人之間的關係。兩者往往不能互相化約，彼此交換。

一三二

感情的關係全都是二人之間的關係，都是一對一的關係。

（戀情特別如此。）

一三三

多人之間的感情關係，往往只是個人與抽象事物之間的關係。

（我們對於國家與社會人類的感情，就是如此。）

一三四

在戀情的二人世界裏，我們無法收容第三者。

一三五

當我們收容第三者在我們的戀情世界裏，我們轉化了

有時性
是愛的溫度計。
但是通常——
困苦才是
真情的寒暑表。

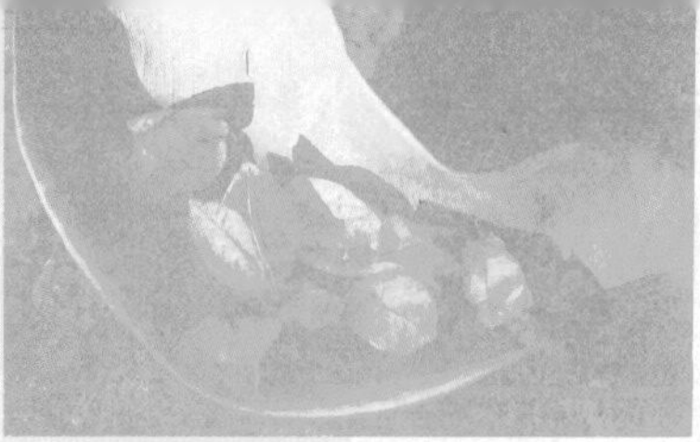

情的素質和內涵。

一三六

在戀情的世界裏，我們很難由三人關係走回二人關係，因爲我們已經多了一份額外的關懷與牽掛。

一三七

三人的故事是典型的戀愛故事——不論那第三者是眞實的，或是假想的；是過去的，當今的，或是未來的。然而，那却不是愛心的必然結局。

一三八

第三者的介入或假設，令戀情更加眞切和緊急；也令它更加迷亂和缺乏理想。

一三九

愛情把對象濃縮，濃縮的對象使愛情深刻。

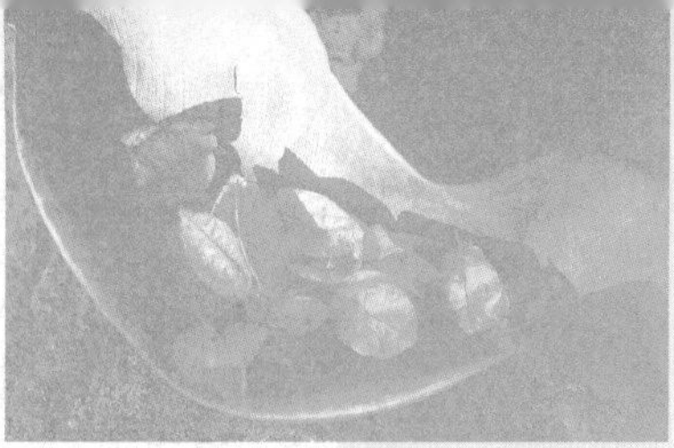

一四〇

對象的專注令情平穩，對象的轉移使意紛亂。

一四一

愛情講究一種純樸簡單的品質。

一四二

過分複雜的情令人無從適應，不知如何着手。

一四三

專一是愛情最基本的簡單性，雖然它不一定是唯一的簡單性。

一四四

情在簡單純樸之中，保持它的香濃與久遠；却在複雜多變的狀態裏，失去它該有的深度與濃烈。

一四五

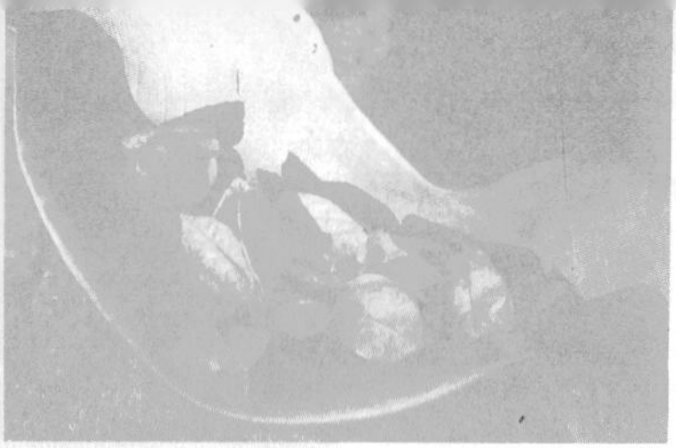

情的單純帶來喜悅，情的複雜導致幽怨。

一四六
知識的豐富起於複雜，感情的深刻來自簡單。

一四七
複雜是上帝的專利，簡單是人性的美德。

一四八
這個世界裏的許多事物和道理都是一樣：簡單帶來生機，複雜導致崩潰。

一四九
愛情不像是撿拾海邊的貝殼，愈多愈好。它像是攀登一座聳入雲霄的山峰，愈高愈覺神妙。

一五〇
遠離世俗的眼光，愛情才顯現出它特有的明亮。

（眞正的愛屬於天上的情。）

一五一

愛像一座幽深的林，愈走愈覺察它的眞象，愈尋愈瞭解它的滋味。

對於愛，不能只是遠眺旁觀，得到一點表面的顏色與形象。

（沒有生兒育女的人，通常不瞭解愛的深意。）

一五二

感情的事，特別不能只是憑空想像。有時卽使設身處地，同情瞭解，亦不足以成事。

感情需要親身的體驗。

一五三

意念可能在記憶中褪色。

眞情却無法在時間裏遺忘。

一五四

平凡的熱情在時間的波濤裏降温，最後只剩下一絲絲褪色的意念。

一五五

有些人的愛，愈走愈向高貴。
有些人的情，愈演愈趨平凡。

一五六

愛心永遠具有明確的意念與果斷。
戀情往往充滿着無奈的掙扎和迷惑。

一五七

愛心無比堅強，戀情却十分纖弱。

一五八

愛心清澈無比，戀情却迷濛不堪。

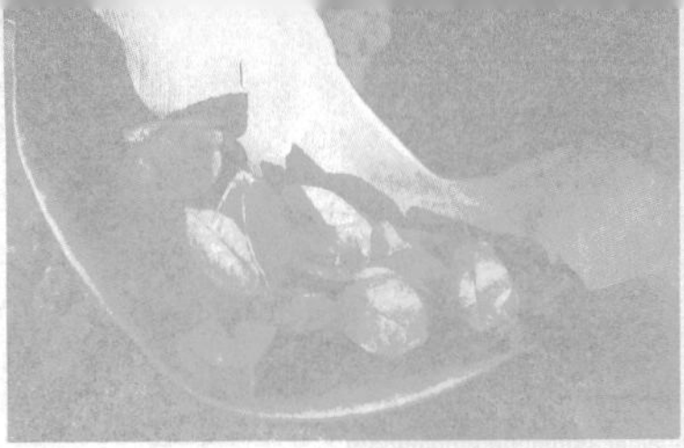

一五九

有時人們迷惑於戀情中，遺忘了愛心的原委。

一六〇

熱戀把眞情濃縮，也往往將意念迷惑。

一六一

情需要愛的指導，更需要愛的呵護。

（沉夢在戀情中的人，也是如此。）

一六二

愛情需要認眞的洗鍊。

（愛在困苦之中，提煉出它的精華。）

一六三

在愛的意念中，不容存有患得患失的心情。

一六四

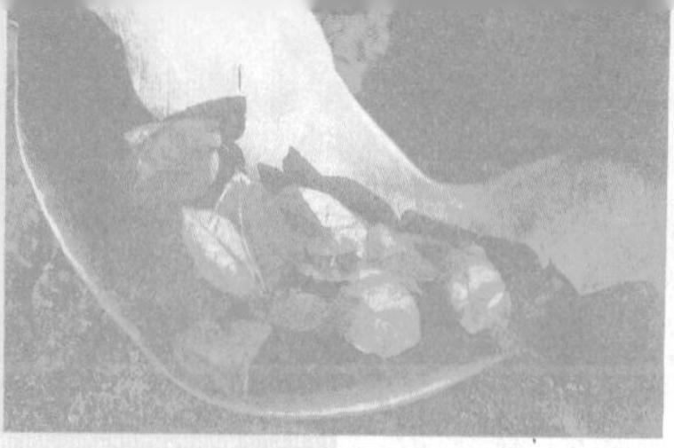

感情不能化除。
愛心無法歸零還原。

一六五

理性建立了知識的迷宮，智慧點燃了甬道的光亮；而愛心的動力，引導人類尋覓生命的光源。

一六六

愛情在孤立的封閉體系裏急速生長，却在不斷擴充的開放系統中，慢慢接受考驗。

一六七

戀情傾向封閉與濃縮，走入緊張和激烈。
愛心通往開放與長遠，趨向幽雅與淡泊。

一六八

戀情導致約束，愛心傾向自由。

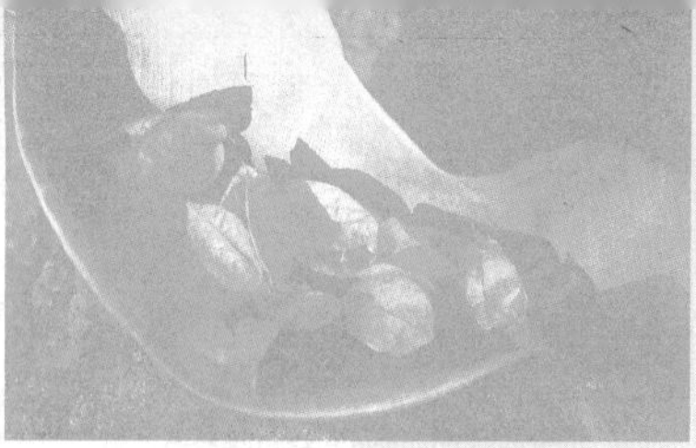

一六九
愛心永遠服膺理性，戀情有時不顧良知。

一七〇
愛心永遠端莊，戀情往往偏頗。

一七一
愛心之中沒有遺憾，戀情裏頭常帶幽怨。

一七二
戀情需要愛心的指導才不盲目。
（愛心並不盲目，盲目是陷落在戀情之中，不知如何自處的人。）

一七三
感動天的是一顆至眞的愛心。
感動人的是一片纏綿的困情。

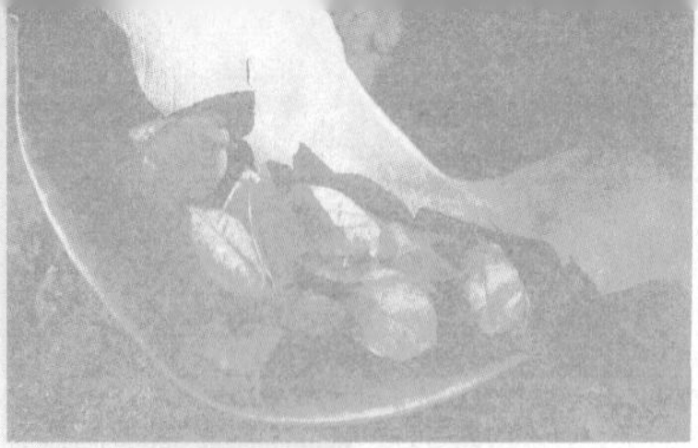

一七四

愛的眞心不只是私自的感情，它是人性的表記。
情的悲苦不只是個人的私痛，它也是生命的憂傷。
（我們在愛心中發揚人性，也在困情裏護衛人性——
爲愛心與人性保持一份優美的原樣。）

一七五

戀情往往充滿悲喜交替的心緒。
愛心却潛藏堅忍肅穆的幽情。

一七六

愛情具有一種嚴肅性，因爲它是人性的標記。

一七七

迷惑的情是跌入愛的漩渦，任憑情勢天廻地轉。

一七八

迷惑的情是緊閉心靈的慧眼，看不清愛的眞象。

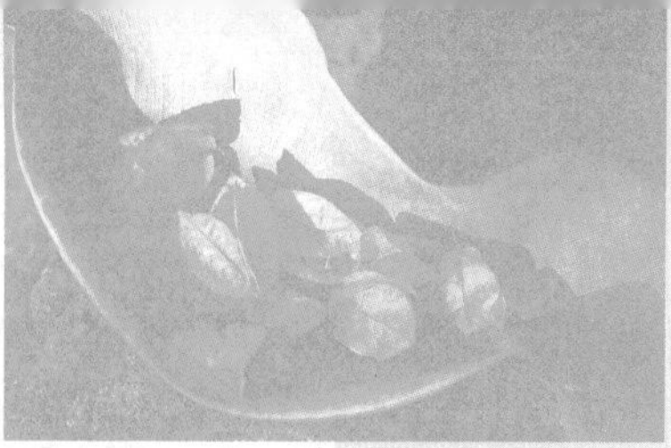

一七九

迷惑的情是擁有愛的氣氛，但却失去愛的本質。

一八〇

迷惑的情是只有對方的影子，失去自我的眞實。

（當我們失去了自我，我們以什麼去愛人？）

一八一

只有承受並不就是愛，這樣的人也不懂得愛。

（嬰兒只知承受，嬰兒不懂得愛。）

一八二

在愛情最困惑迷亂的時刻，我們也必須——而且最必須——端莊心情，保持沉靜。

（這樣才不致終久變成冷漠和絕情。）

一八三

情的迷惑因個別的對象而起，可是愛的端莊却建立在

愛心無法
毀滅，只能加以
埋葬——。

每一刻瞬息的
真實都是
永恆的，
真情最是
如此。

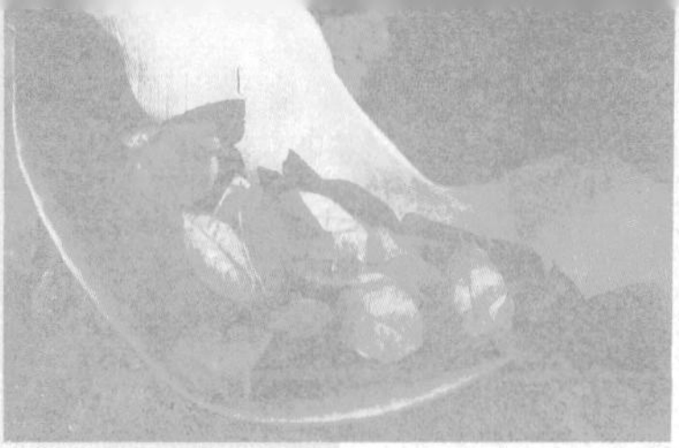

對人性的珍重和呵護之上。

一八四

愛令天眞的人成熟。
情使成熟的人天眞。

一八五

成熟的人是情的主宰。
天眞的人是情的廻聲響應。

一八六

愛雖熱烈，但仍沉靜。

一八七

沉醉的愛滋養人生。
迷亂的情損傷生命。

一八八

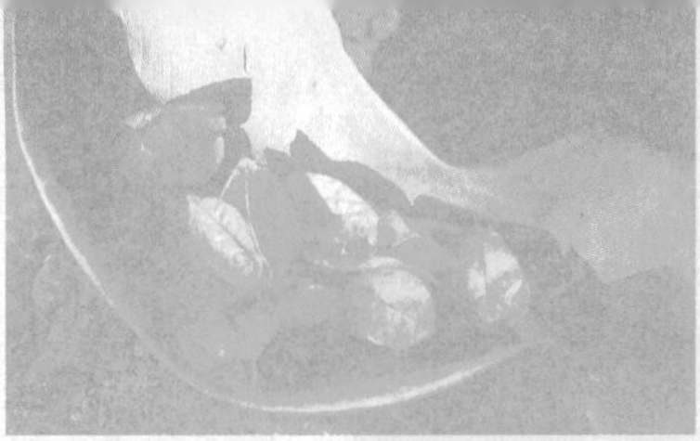

愛是情的上帝。

迷亂的情是個背叛上帝的人。

一八九

一味講究「現實」的人，是情的無神論者。

一九〇

平日最相信物質的人，在戀愛中也不得不相信精神與心靈。

一九一

愛一個人是因對方的快樂而快樂，因對方的痛苦而痛苦。

一九二

令所愛的人快樂，是愛中最大的快樂。

令所愛的人痛苦，是愛中最大的痛苦。

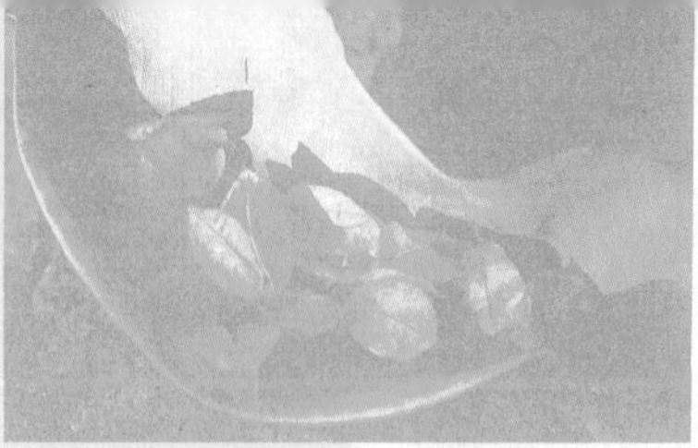

一九三

在愛之中，情感的融洽淹埋了見解的對立。可是見解的衝突却表露出情感的衰變。

一九四

沉淪衰變的情意，卽使重新撈取，也失却了它本來的面目。

（在情上，一失足成千古恨，顯得特別眞切。）

一九五

不是立志奉獻的愛，最多只是一份虛華的情，多麼受外在的條件所左右，所侵蝕。

一九六

不講究犧牲的愛，只是表面的愛。

一九七

人無法在愛的理想上立足，於是敗退下來，在凡俗的

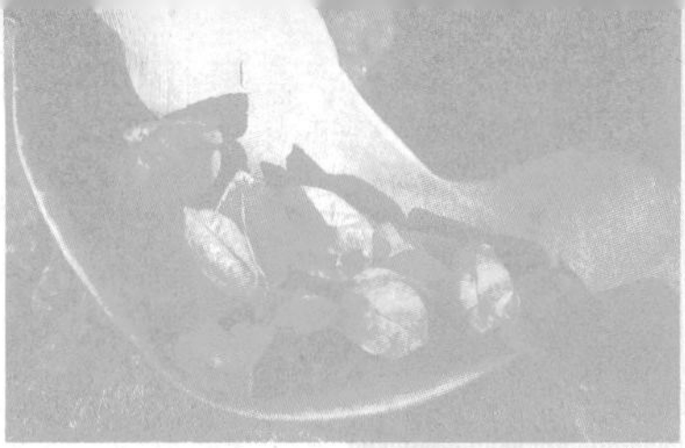

成就上追逐高下，比較長短。

一九八

當愛情深厚，空言變成理想。
當愛情消退，理想化作空言。

一九九

愛情可能產生哀怨與悲傷，但却不容冷漠與懷恨。

二〇〇

深刻的愛有時含有深刻的哀怨。
恒久的情有時引起恒久的悲傷。
（只因人的雙脚依然沾滿泥土上的塵跡。）

二〇一

愛在擁有之時，我們往往只是獲取了對方的假象，但却失却了理想的眞實。
情在幻滅之際，我們常常保全了理想的眞實，而喪失

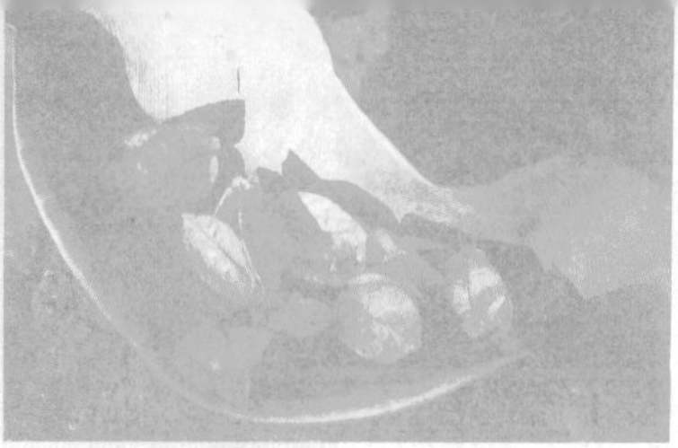

了對方的假象。

（我們所愛的往往是理想的光影。眞實的生命撐不起理想的重壓。）

二〇二

當愛情幻滅時，令人哀傷的往往不是對方的虛假和無情，而是自己的迷亂與淺薄。

（有時甚至不是因爲對方的品格或愛你的程度，而是你自己已經投入那麼深和奉獻了那麼多。）

二〇三

有時我們疑惑，不知爲什麼人心變得如此難測，却沒有想到那份表面的深情，原來只不過是一片膚淺虛華的情意而已。

二〇四

戀情的完結令人疲乏與空虛。

愛心的終止使人枯萎和乾澀。

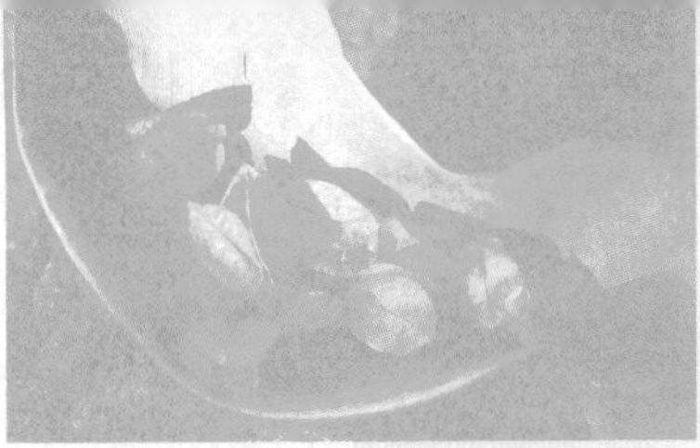

二〇五

愛心無法毀滅，只能加以埋葬。

（每一刻瞬息的眞實都是永恒的，眞情最是如此。）

二〇六

當一個人的心已隨他人而去，你能留住他什麽呢？

（平日最相信物質的人，在戀愛中也不得不相信精神與心靈。）

二〇七

眞靈驗：失戀與消瘦。

二〇八

失戀的時刻，星星、浮雲、流水和鳥音顯得格外清新而富有深意。

這時人們的面孔反而蒙上一層暗淡無光的顏色。

二〇九

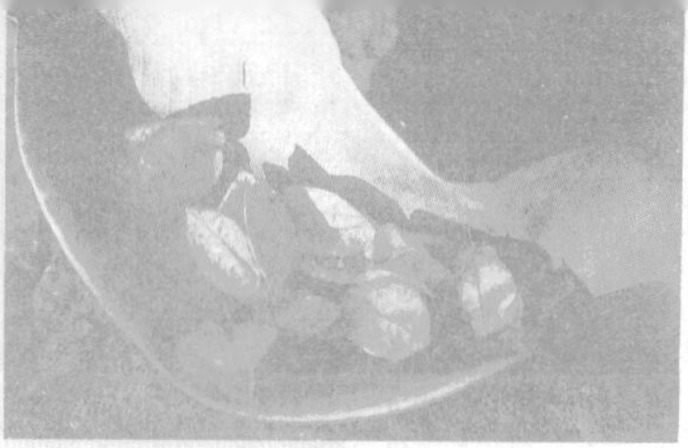

失戀令自然添增新意，却使人間喪失光彩。

二一〇

失戀時，其中一方的份量在對方的心靈上增長；另一方的份量却在對方的心目中減低。

二一一

愛情的喜悅把世上的快樂傳遍到全身的軀體上。可是失戀的痛苦却將宇宙千古的悲傷收聚到心靈的最深處。

二一二

生命中最眞實的現象，就是那晶瑩的淚水——淚裏的傷懷，淚裏的悲切，淚裏的眞意和淚裏的深情。

二一三

愛一個人是他的心情就是你的心情，他的感受就是你的感受。

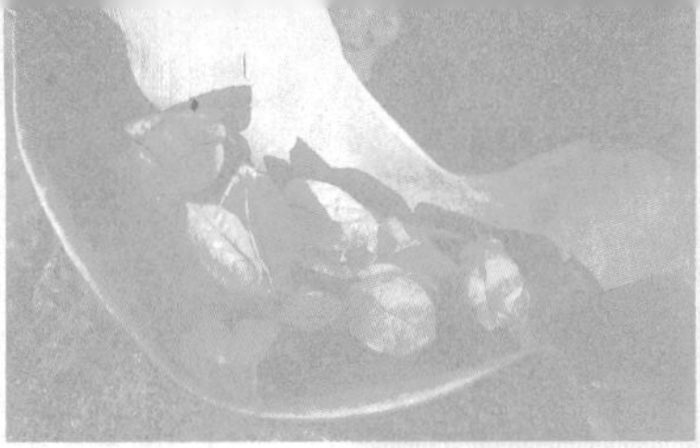

（他的快樂就是你的快樂，他的痛苦就是你的痛苦。）

二一四

愛一個人是不只陪他歡笑，而且也陪他流淚。

二一五

愛一個人是撫慰他，當他爲別人而落淚。

二一六

愛一個人是當他背叛了你，你仍然心存寄意，含情無語。

二一七

愛一個人是當他無情地侮辱你，你依舊默然無語。

二一八

愛一個人是分擔他情上的罪。

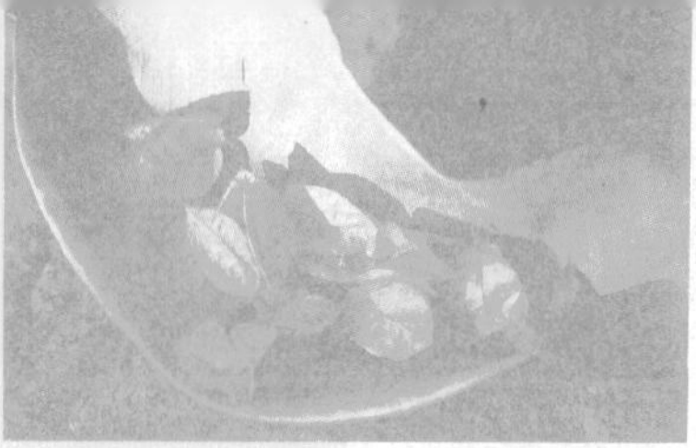

二一九

愛一個人是不忍陷他於罪，不忍令他情疚。

二二〇

愛一個人是不忍陷他於絕情，特別是不忍陷他於不義。

二二一

成功的感情在嚴肅的人生裏添增一份光彩和喜悅的興奮。

失落的愛心在含有光彩和喜悅的生命中，增多一份嚴肅的品質。

二二二

在戀情上，我們也許正逢無邊的痛苦，但却不能因此全心敗倒；我們也許正忍受着無盡的屈辱，可是仍然要含淚向前走。

我們的人生還有更嚴肅的使命。

（每一個人都應該努力爲愛心和人性，保留一份優美

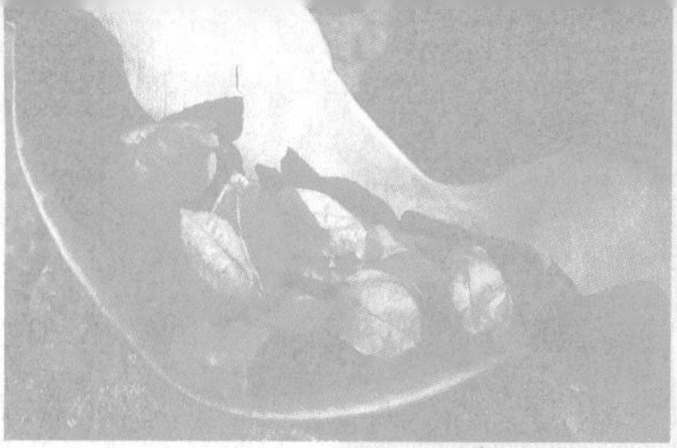

的原樣。)

二二三

情是一種自我的表達，自我的抒發和自我的克制。

(深刻的愛心往往是種纏綿的困情。)

二二四

(不怕這個世界上所有的人都與你爲敵，只怕你所愛的人背叛你。)

最致命的是，你所愛的人侮辱了你。

二二五

情人的殘忍是一把利刀，遽然割裂着你的愛心。但是你的深情却像一個無助的人犯，啞然承受一刀一刀的血痕。

二二六

愛 不是只有
歡笑 而後有
眼淚。
愛 是在晶瑩的
淚光中
欢笑 更加
永恆。

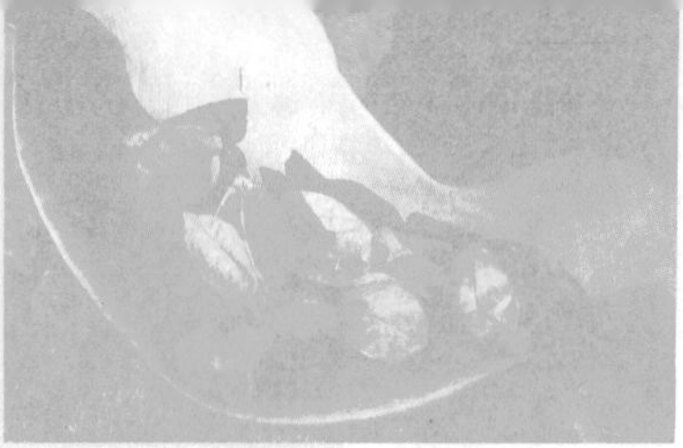

在情上，有時我們傷害了對方，但不要接着侮辱他。
有時我們叛離了共同的心誓，但不要進一步敗壞愛情的本質。
（每一個人都應該努力爲愛心和人性保留一份優美的原樣。）

二二七

移情別戀是只顧新人的歡笑，無視舊人的悲傷。

二二八

即使移情別戀，也不要侮辱舊人來取悅新人。
（那是對自己以往感情的嘲諷。）

二二九

不要醜化——也不要讓人醜化——過去的感情與事實。
那是對愛你的人的侮辱。

二三〇

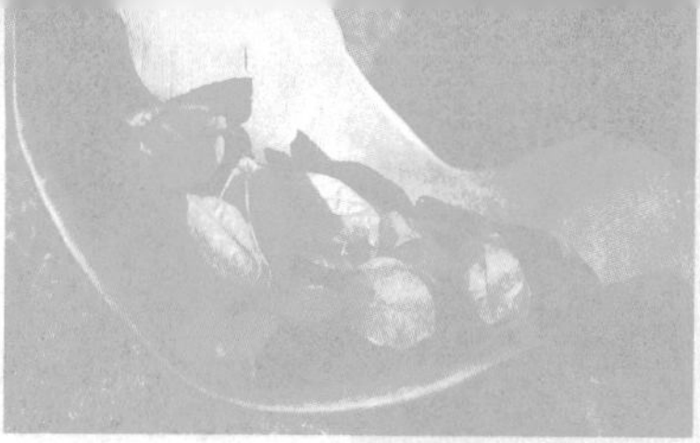

不是有心侮辱一個人，並不表示你沒有侮辱他。無意傷害一個人，也不表示你不會傷害他。（情的結局不只決定於個人的居心而已。）

二三一

在愛情上，人家可能侮辱了你，但你不可以接着侮辱你自己。

二三二

有時我們不禁要仰天長嘆：人爲什麼要承受這麼慘重的淒傷，這般致命的打擊——特別是在愛情之中？

二三三

有時你不瞭解這個世界爲什麼變得如此殘忍。你懷着一片愛心，別人却無情地任意宰割你。

二三四

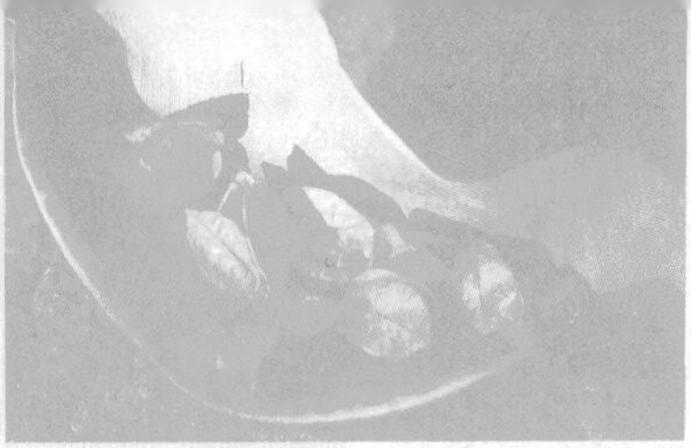

有時我們實在有權仰天怒問：這個世界到底要對待我們多殘忍?!

二三五

動物雖然殘暴，但却並不狠心。
可是人類却因爲狠心，帶來多少的殘酷。

二三六

傷害之外加上侮辱，這是人間愛情的最大悲劇。
（動物不會互相侮辱。）

二三七

動物不會欺騙——那是人類的專利。

二三八

有時你寧可給動物咬傷，也不願讓同類欺瞞。

二三九

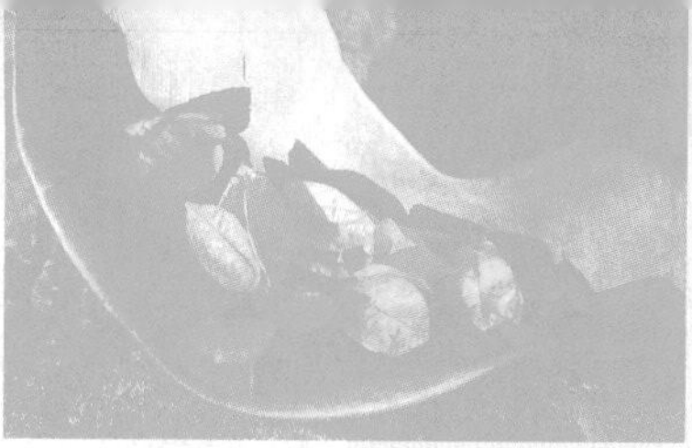

一早跨出門口，看到一隻人人厭惡的蟑螂。我沒有踩死牠。

這世界不是有人對我們傷害更多嗎？

二四〇

這世界沒有絕對公平的事，在愛情上特別如此。只看你願不願意奉獻，願不願意犧牲，願不願意默然承受。

二四一

有時不是你不願承受，而是你是否撐得起那無窮的重壓。

二四二

（只要有一點美好的心願，足以撐起全宇宙的重壓。）

在平安的日子裏，人們多麼容易輕鬆地放言美好的心願。直到你心愛的人背叛了你，那時你才感到愛心的悲愴和沉重。

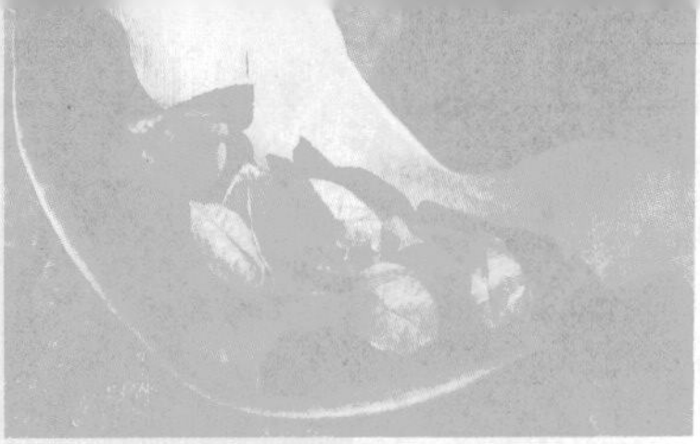

二四三

絶大多數的人都先照顧自己的利益，接着才照顧別人的利益。
只有深愛一個人的人，一心照顧對方的利益，而遺忘了自己的利益。

二四四

絶大多數的人，總是先成全自己而犧牲別人。只有深愛一個人的人，總是犧牲自己，力圖成全對方。
（在給予之間得到，在犧牲之中成全——這是眞正的愛。）

二四五

我們或許可以輕於施愛，但却必須愼於懷恨。

二四六

愛心——而且唯有愛心——是這個殘忍的世界中，令人感到温暖的最後一點星光。

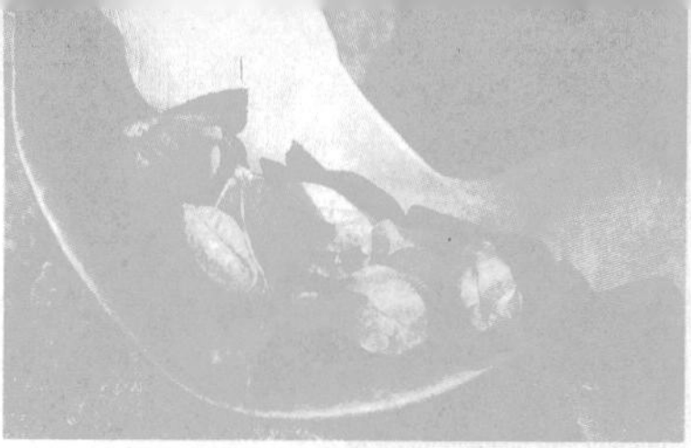

二四七

人在情的殘忍中受到的重創，只有更多愛心的溫暖，可以加以癒療。

二四八

世上的一切都有過分的時候，唯有愛心永遠不會溢滿。

二四九

永不令我們失望的是愛心的指望和人性的理想。不是現實中的個人品格，更不是他們在歷史的機緣交錯裏所激發出來的行爲。

（不要因爲對少數人失望，就對人性失望；不要在一次愛情裏受傷，就貶低了愛的純潔和高尚。）

二五〇

不要用過去的歡樂，加深今日的悲傷。把持今日的痛苦，砥礪明天的志節。

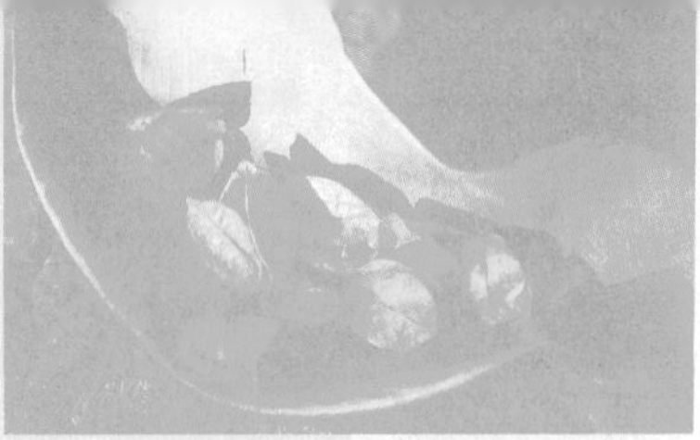

二五一

幸福不是只有快樂而沒有痛苦。
幸福是人生的痛苦剝奪不了內心的快樂。

二五二

在愛情裏，我們所追求的不是一分一秒的快樂，而是幸福的永恒。

二五三

愛不是只有歡笑而沒有眼淚。
愛是在那晶瑩的淚光中，歡笑更加永恒。

二五四

淚水是強者的愛心，卻是弱者的武器。

二五五

正像鋼琴的音，將激動的感觸化開放遠，成爲抽象的音符似的，我們也應該將困情——特別是將愛與戀的

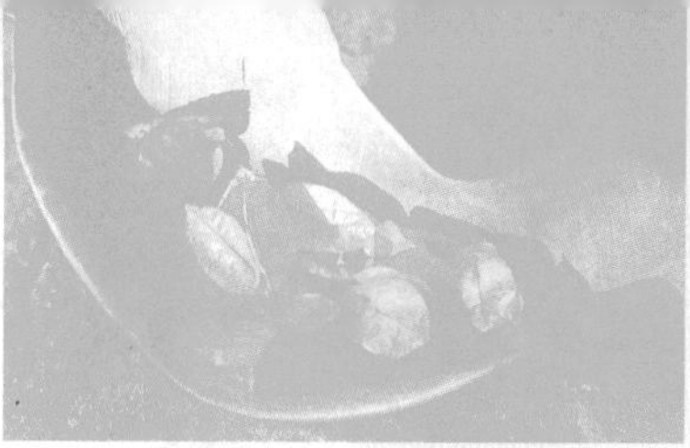

困情——移往空靈處轉化，帶入幽遠裏昇華。

二五六

高超的音樂是傷懷的避風港。

無私的善意才是困情的疏通大道。

二五七

擁有至高的善心的人，可以放棄世上的一切。

擁有絕美的愛情的人，可以放棄現實的一切。

二五八

（深刻的愛心往往是種纏綿的困情。）

是不是每一份纏綿的困情中，都可以抽繭剝絲出一顆深刻的愛心？

二五九

只是思想不能解決問題。但是沒有思想則永遠解決不了問題。

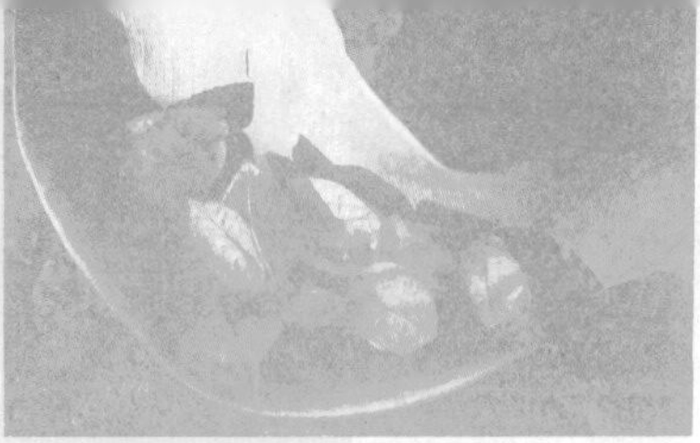

二六〇

只是理論無法獲致眞理。但是沒有理論則永遠捕捉不到眞理。

（人心是頗有限的心，人的智能是種不完美的智能。）

二六一

語言的偉大在於它包藏着人類的概念與情意。語言的美妙與神奇也是如此。

（否則聲音多麼通俗，筆劃多麼平凡。）

二六二

概念的益處不在於它提供了記憶的憑藉，更重要的是它開闢了人類智慧高昇的指望。

（概念是理性高昇的踏脚石。）

二六三

人類文明的進步，以及它進展的方向，往往決定於我們發明了什麼概念，以及怎樣應用它們。

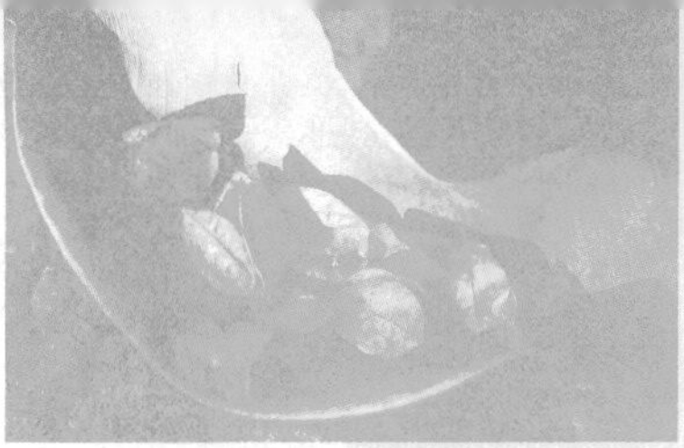

二六四

概念是文明攀越的岩石掛鈎。
思想是文化傳統登高前進的爬山繩索。

二六五

有時我們無法事先清楚劃分徒勞無功的概念遊戲和收穫豐碩的思想探索。
（這是從事概念遊戲的正面意義。）

二六六

概念世界中存在着絕對的原理。
現實生活上則充滿了通融、割愛與犧牲。

二六七

概念世界是我們蘊養立志之所。

二六八

我們在概念世界裏澄清，以便在現實世界中守正。

在情上，有时我们伤害了對方，你不要接着侮辱他。有时我们叛離了共同的心誓，你不要放過一切的敗壞愛情的本質。

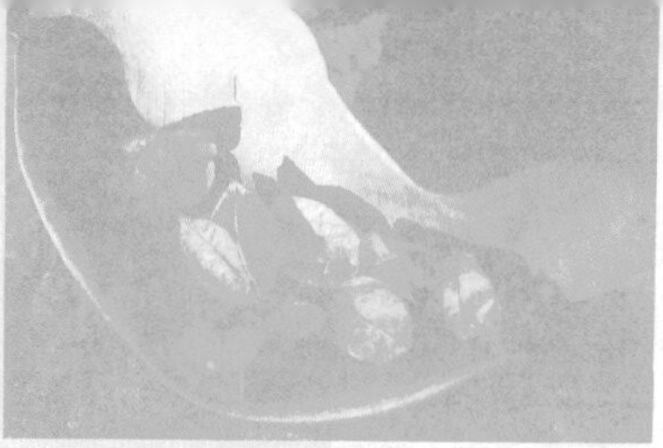

二六九

人類必須在概念世界中立志，才能在現實生活裏發揚。

二七〇

概念世界裏充滿着整齊劃一的範疇與原理。
我們利用它們組織人生的經驗——將世界現象加以簡單化。
（這就是爲什麼概念世界的經營是人類文化中不可忽視的成就。）

二七一

地圖之所以有用，因爲它具有一種簡單性。
歷史的教訓之所以有意義，因爲它具有一種簡單性。
理論之所以能夠說明，也正是因爲它具有一種簡單性。

二七二

我們不能寄望上帝爲我們創造一個簡單的世界。
我們必須自己將這複雜的世界加以簡單化。

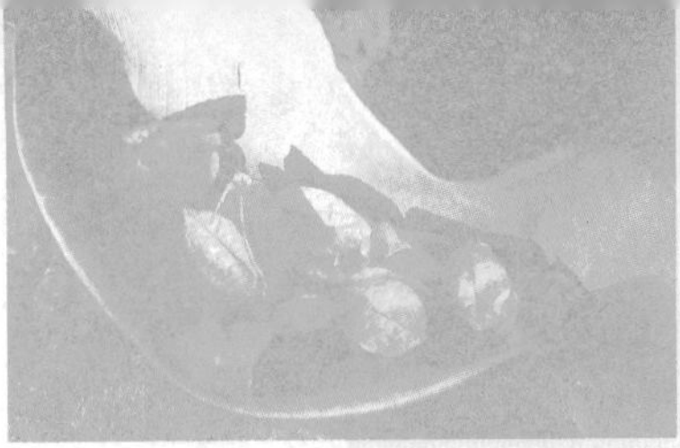

二七三

簡單的天地生活起來覺得枯燥。
複雜的世界瞭解起來却顯得困難。
（這裏顯出我們感覺上的浮泛和智性上的局限。）

二七四

人之可信，因爲他具有一種合理的簡單性。
感情之可靠，也因爲它含有一種必要的簡單性。

二七五

健康的人生特別需要簡單與純樸——尤其感情，更是如此。
（複雜是上帝的專利，簡單是人生的美德。）

二七六

誠實是一種簡單。
虛僞是一種複雜。

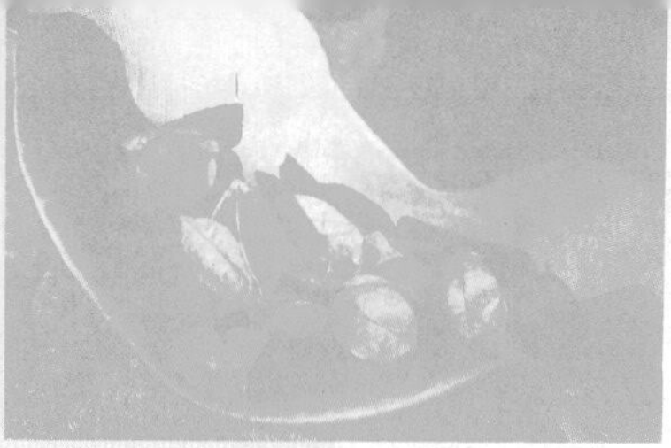

二七七

直言是一種簡單，
說謊是一種複雜。

二七八

質樸木訥是一種簡單。
巧言令色是一種複雜。

二七九

當食物不夠新鮮，廚司以大量的調味品加以掩飾。
當心意不夠眞誠，人們用過份的甜言蜜語加以粉刷。

二八〇

理性是一種簡單。
不理性是一種複雜。

二八一

信是一種簡單。

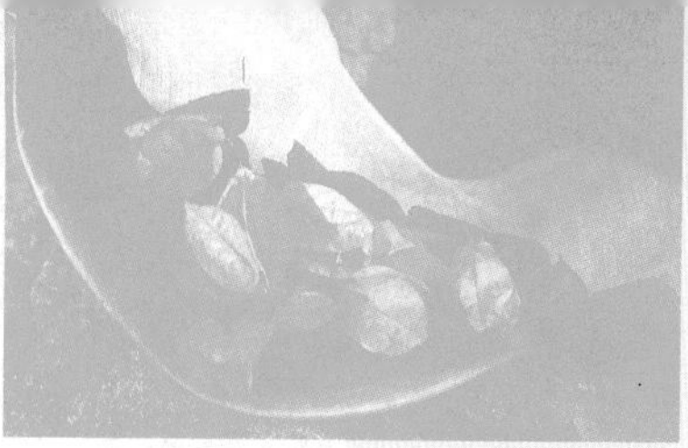

疑是一種複雜。

二八二

愛是一種簡單。
恨是一種複雜。

二八三

人生的簡單代表一種生命的純度。
(我們在簡單性的追求之間，保存一份天眞與純樸)。

二八四

愛情的高妙存在於純樸與眞實。

二八五

在感情上，純樸就是眞實。

二八六

複雜本身往往就代表着矯揉造作。

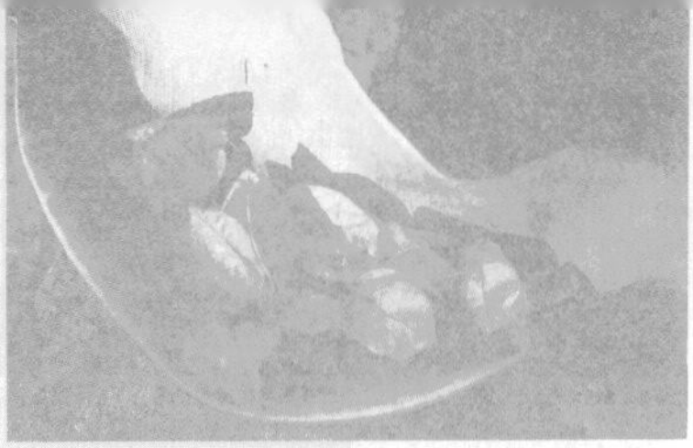

二八七

簡單代表「年青」。

複雜意味老成。

二八八

盲目的簡單固然表示幼稚，可是過份的複雜卻又近於衰潰。

二八九

簡單容許發展。

複雜妨礙進步。

二九〇

簡單的感情是眞摯的感情。

複雜的感情是令人難耐的感情。

二九一

人生的豐富不是憑藉無謂的複雜。

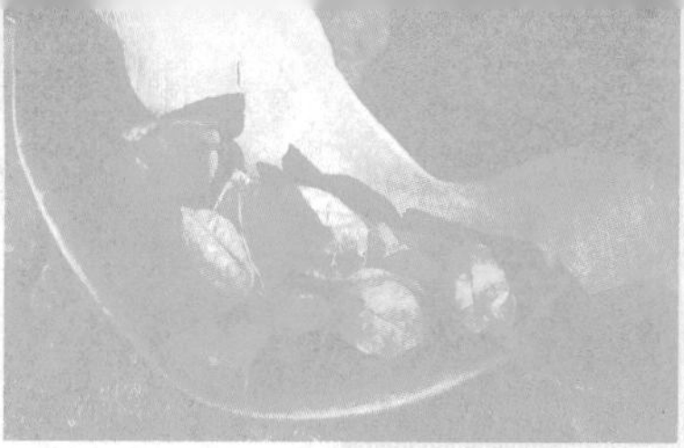

生命的單純代表洞見的透徹。

二九二

複雜本身就是一種浪費的消耗——不論對於機體或是機構，全都如此。

二九三

當一個機構或建制複雜到花費在支撐存在的功夫勝過它的創作與建設成果時，我們應該停止它的生命，另謀新機。

二九四

語言、藝術、社會組織、風俗人情、人際關係、政治體制、思想形態等等，都可能發展到過分複雜的程度——無法簡單暢快地繼續具有活力，繼續生存發展。（這就是爲什麼文體需要改革，藝術形式需要更新……，思想形態遭人唾棄的緣故。）

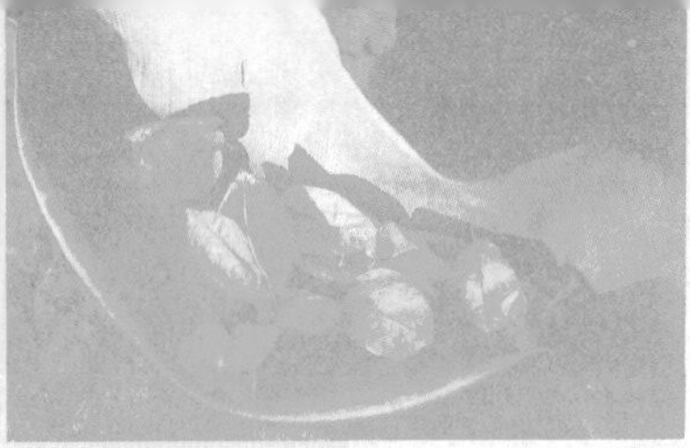

二九五

一切的建構像是個人一樣，當全部的努力只是爲了維持本身的繼續生存，它已經喪失了存在的意義。（情愛的進展也是如此——愛情在不斷的創造中再生，在停止追求裏死亡。）

二九六

人生的意義在於創造。

二九七

生命的簡單容許不斷的創造。不斷創造的結果使世界變得複雜。

二九八

人生需要幡然悔悟和堅毅揚棄——對於生命中的雜質和文化上的殘渣。

二九九

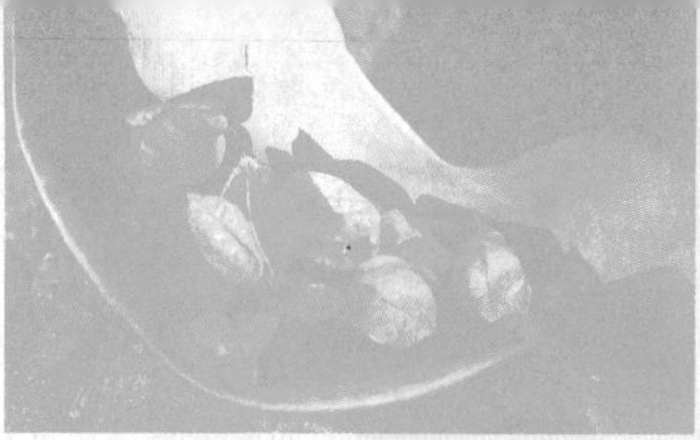

人類需要不斷的建設和創造，也需要不斷由不必要的複雜迴返到平衡健全的簡單。

三〇〇

懷疑爲了眞正的肯定。俗務拖引人生走向凡俗的平庸。沉思誘發生命步入睿智的深刻。破壞容許新的創造。

三〇一

個人生命的意義在於建設和創造。機構存在的目的，在於保障和促進個人生命中的建設與創造。

三〇二

個人生命中最重大的建設在於人性的保全和締造。

三〇三

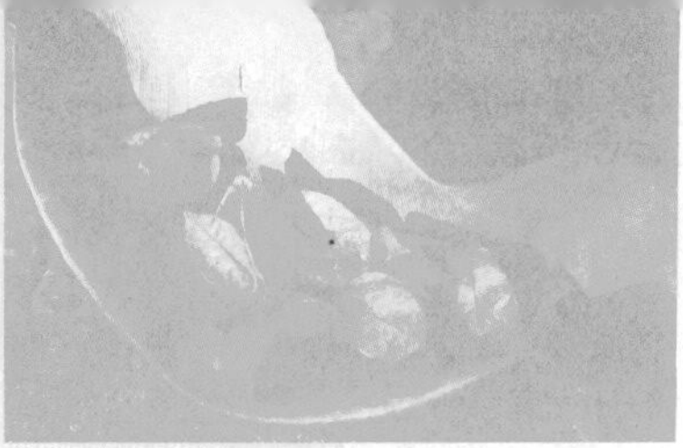

人性的成就是生命中最眞實的成就。

三〇四

眞正動人的不是深奧的道理，而是鮮明的榜樣。

（每一個人生都是生命的榜樣。）

三〇五

生命有它充滿平庸凡俗的日子，也有它顯露深刻睿智的時候。

三〇六

人生最精彩的時刻不是開口言說之際，而是安靜沉思之時。

（最甜美的時刻亦然。）

三〇七

人生最眞實的時刻是孤獨的時刻，最甜美的時刻是分享情人沉思的時刻。

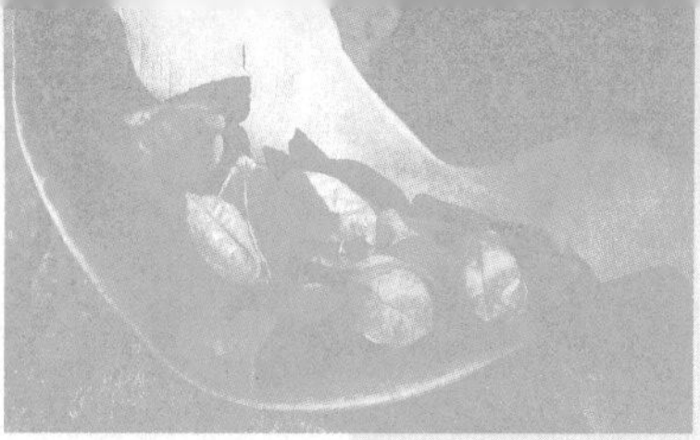

三〇八

能夠分享一個人的沉思，才眞正瞭解他心靈的內涵。

三〇九

親密是能夠分享對方的沉思。

三一〇

只有彼此親密的人，能夠默默相對，含情無語。

三一一

親密是無需語言與行動，但卻富有感應與情思。

三一二

不待言說的愛，才是眞正的愛。

三一三

不必保證的保證，才是眞正的保證。

（情的保證是眞正的保證，言語文字的保證是表面的

概念世界中存在着
绝对的原理。
现实的世界上完成了
通融
割爱与
牺牲。

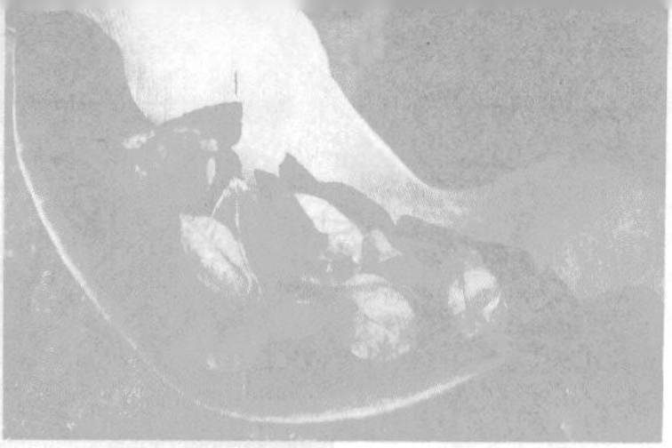

保證。）

三一四

親密不是沒有距離，而是不生計較。

三一五

愛情不是沒有距離，而是共享榮辱。

三一六

彼此親密是互相同情，彼此共鳴。

三一七

情侶的親密建立在瞭解與分享之上。
親人的親密建立在同情與愛護之上。
夫妻的親密建立在尊重與忍讓之上。

三一八

沒有距離並非就是親密。

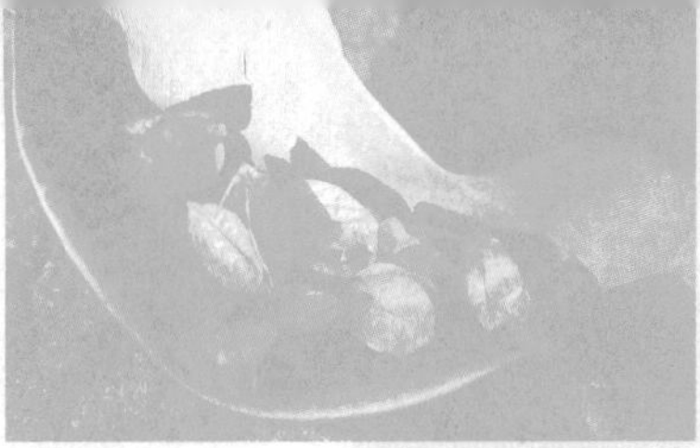

三一九

距離的喪失導致盲目——引起一種無法反省檢點的模糊。

三二〇

自己與自己沒有距離。

（因此我們往往不知自我反省，不能認清自己。）

三二一

爲了要認清自己，我們必須將自我推放到一個距離之外去加以觀看。

三二二

將一件事物放置在一個適當的距離，我們才能清楚地觀看它和欣賞它。

三二三

將一個人保持在良好的距離之上，我們才能清楚觀看

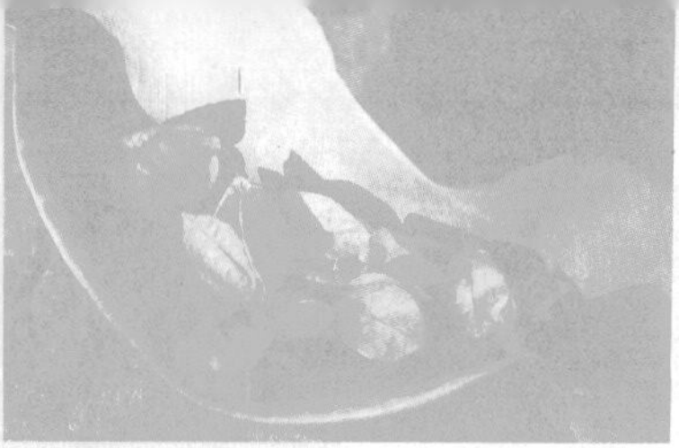

他的面貌；我們也才能和他產生親密的感應。

三二四

當我們與人沒有距離，我們喪失了反省他的能力。

三二五

情的感應生於良好的距離。
性的沉溺終於彼此分界之短暫踰越。

三二六

良好的距離產生親密的感應。
親密的感應導致良好距離的喪失。
（這是愛的困境與情的危機。）

三二七

人與人間的適當距離產生彼此的尊重。
距離的消失令人遺忘彼此尊重的益處。

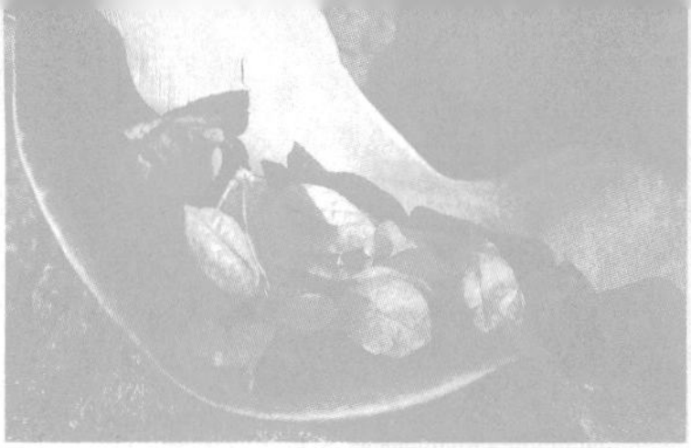

三二八

人際關係的變質，往往起於彼此尊重的消失。個人之間的距離失滅，引起彼此尊重的消失。

三二九

性的關係往往在表面上消除了人間的距離，但却在實質上敗壞了彼此的尊重。

三三〇

性的事往往使人與人之間原有的良好關係，頓然消溶改觀。

三三一

與他人沒有距離，是對他人的一種侵犯。
（雖然有時別人容許我們如此的侵犯。）

三三二

性是一種侵犯——雖然它有時是受容許的，偶爾甚至

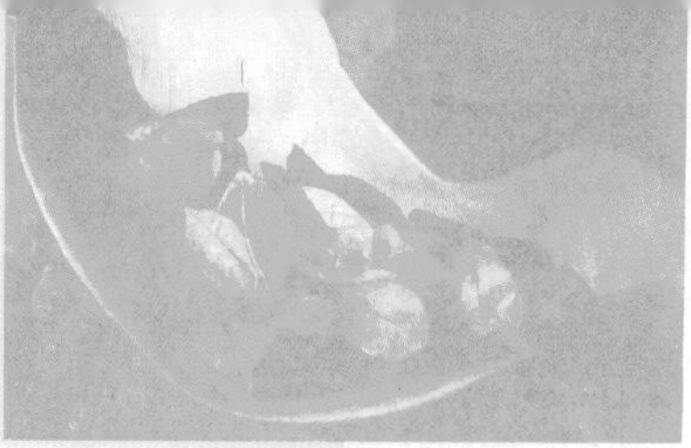

是受歡迎的。

（微笑有時是種明顯的示意，有時却只是一種含蓄的容忍。）

三三三

有些人的言辭就是他全部內涵的休止。另外有些人的談說才是他精彩內容的開始。

三三四

經驗的貧乏令語言的意義變成稀薄。

感情的膚淺使詩章的字句顯得蒼白。

三三五

我們所要把捉的不是言語而是意義。

我們所要表達的不是語句而是情懷。

三三六

語言會在時間的流轉中褪色，因爲情意已隨歷史的波

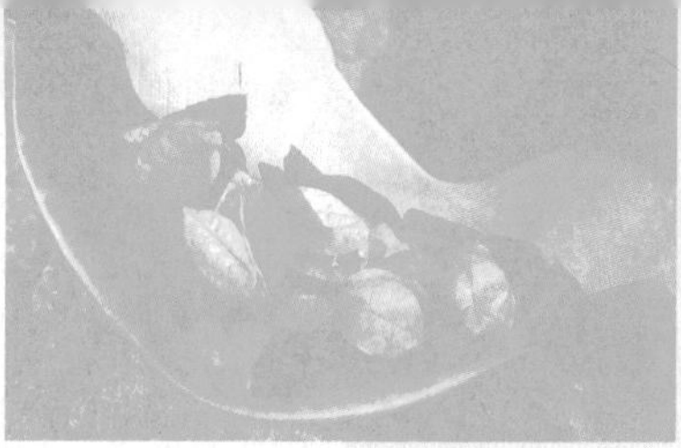

濤消沉變得蒼白。

三三七

激起人心千古共鳴的是那永不減色的情懷，不是那千變萬化的語言表辭。

三三八

有些情懷是千古的情懷，有些感受只是一時的感受。生命的悲愴蘊藏着天地間千古的情懷，人生裏千變萬化的際遇只產生一時的感受。

三三九

有些話表面上看來是眞的，事實上却是假的；有些話表面上看來是假的，事實上却是眞的。明智者善於分辨這些似是而非和似非而是。至於那些明明是眞的和明明是假的，誰也不必勞煩他人。

三四〇

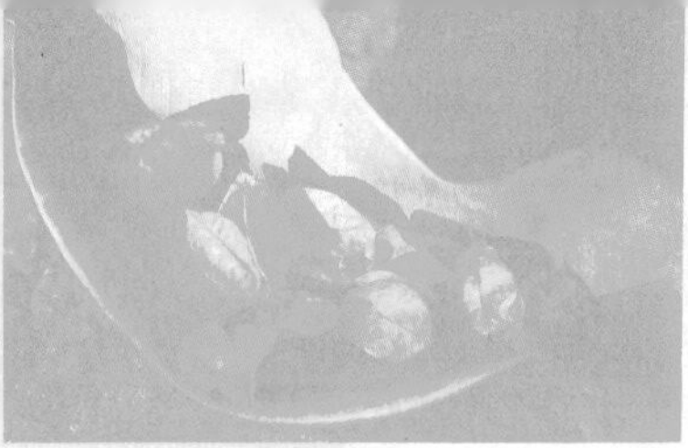

眞理是沉思的產物。

浮動的心緒誤失了生命的精華。

（眞情亦然。）

三四一

優美的語言是性靈的提煉，粗陋的說辭是人心的污染。

三四二

智慧的話語出自心靈的蘊釀，不是來自感官的反應。

三四三

優美的思想是引人超昇的階梯。

醜陋的言論是導人墮落的媒介。

（我們在概念世界中立志，才能在現實生活裏發揚。）

三四四

有時重要的不是這個世界到底是什麼樣，而是我們願

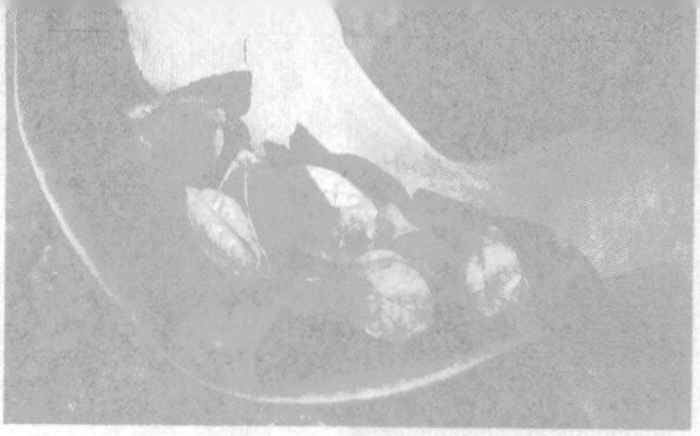

它是什麼樣，要求它是什麼樣，以及立志要把它改變成什麼樣。

三四五

優美的音樂不是用來引發愁思，也不是用來醫療寂情。

三四六

眞正的音樂不是爲了傷愁的情緒，也不是爲了寂寞的心靈。

三四七

音樂不只是寂寞的友伴。
歌聲是幽情的心靈。

三四八

高超的音樂引發自然的清新。
低俗的聲響激盪人間的污濁。

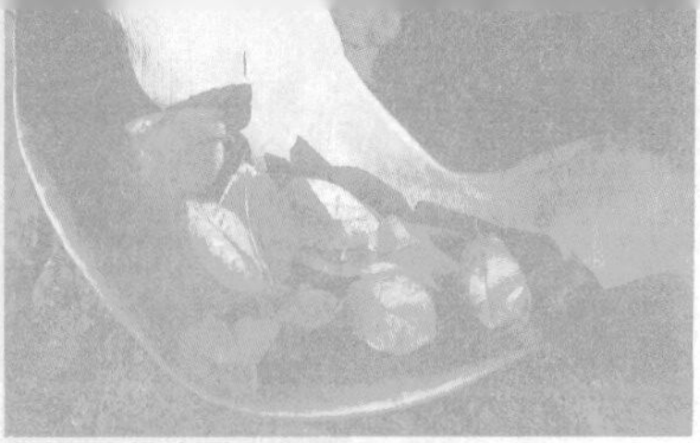

三四九

我們在人事的紛雜裏感染的污濁，需要在自然的清新裏洗滌蕩淨。

三五〇

詩人不一定深於感情。
可是感情的深刻使人成爲詩人。

三五一

詩人不一定善於戀愛。
可是人在戀愛之中成了詩人。

三五二

詩人看到常人所沒有看到的細緻世界，不只做出常人做不到的神秘描述而已。
畫家不只將這個世界塗上一層感情的色彩，他們開闢人世間另外一個深度。
（所有的藝術家都是如此，戀愛中的情侶亦然。）

三五三

並不是每一個人都說同一個「愛」字，他們的感情也就同等的深刻。

三五四

天下的情有無窮盡的種類和等級，只是我們缺乏無數的個別稱呼而已。

三五五

深情輕笑淺薄的無知。
淺薄譏諷深情的痴迷。

三五六

情的高下只有天上的標準，我們在人間只能略窺其端倪而已。
（眞理也是如此。）

三五七

良好的距離產生
親密的
感應。
親密的感應導致
良好的距離的
喪失。

這是愛的困境與
情的危機。

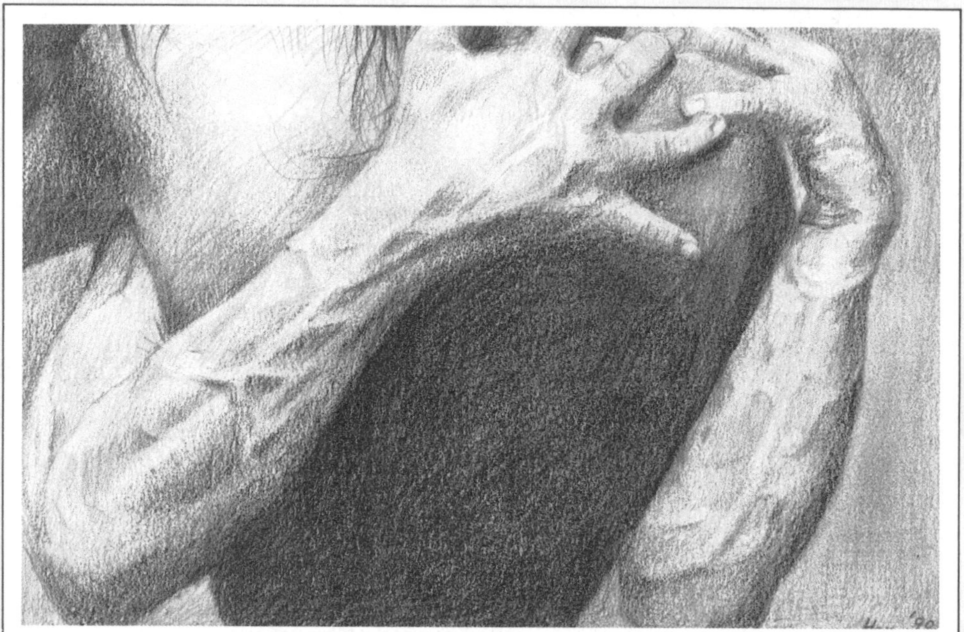

情像知識一樣，有進步，也有退化；可以加深，也可以變得膚淺。

三五八

只有不斷的深入理解，才能保持知識的進步。

也只有不停地細心陶冶，才能令我們的情變得更加深刻和更加優美。

三五九

人生獨一無二，親情獨一無二。

獨一無二的東西都是無法加以取代的東西。

三六〇

親情無法取代，也不像戀情似的，可以交付流水。

三六一

沒有享受過親情的人，不懂得感情的內在本質。

（沒有生兒育女的人不易瞭解愛——與割愛——的意

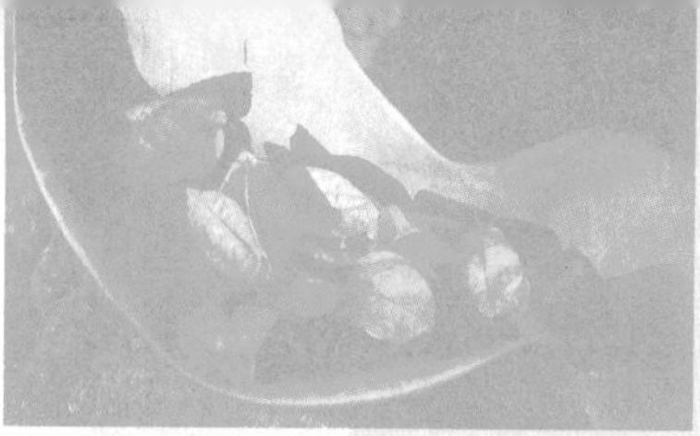

義。）

三六二
親情不是沒有距離，而是不生懷怨。

三六三
愛心之中含有一份親情。

三六四
愛心是一份對人類普遍的親情。
它是對人性一般的不生懷怨。

三六五
博愛之心是一份無私的親情——一份對人類普遍的愛心。

三六六
親情無需計較。

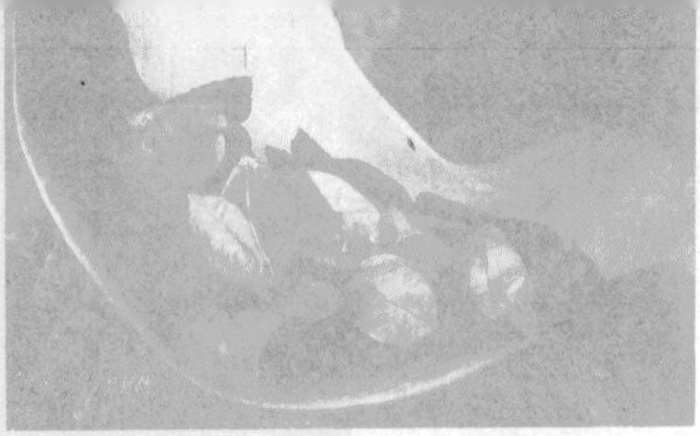

戀情需要考驗。

三六七

一人的世界是愛心立志之所。
兩人的天地是戀情蘊釀的溫床。
可是「三人」的世界才是愛心與戀情接受考驗的地方。

三六八

兩情是否堅強，就看他們揚帆駛向「三人」世界時，
怎樣面對迎面撲來的風浪。

三六九

每一份愛情都必須接受現實的考驗。

三七〇

正好像每一時刻都有戀人陷落在情的困惱之中，想要理清心中的答案；每一時刻也都有愛智者困惑在知性的迷霧中，想要解開宇宙人生的神祕。

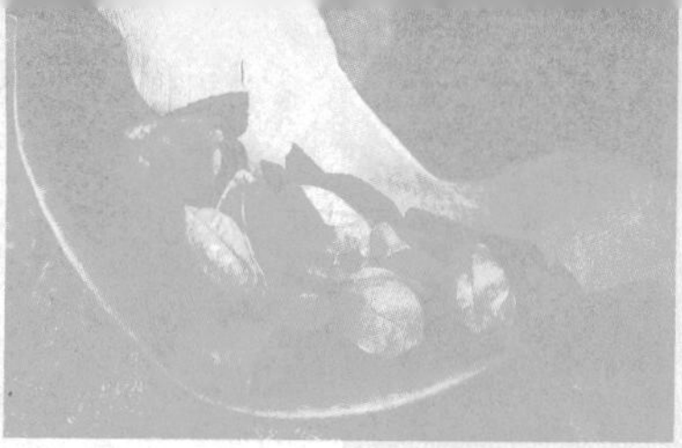

三七一

愛情是一齣抽象的戲。
苦戀中的人參予——也等待着——一幕幕劇情的進展和變化。
（誰是劇中那看不見的抽象角色？）

三七二

如果乾坤是一場大的戲，我們每一個人都應該參予決定下一幕的結局。

三七三

一日之間我們往往只有幾分鐘的精彩。
一生當中我們有多少日子具有光輝？
（我們應該把握這些時刻，珍惜這些日子。）

三七四

愛情的時刻是精彩的時刻。
神聖的時刻是光輝的時刻。

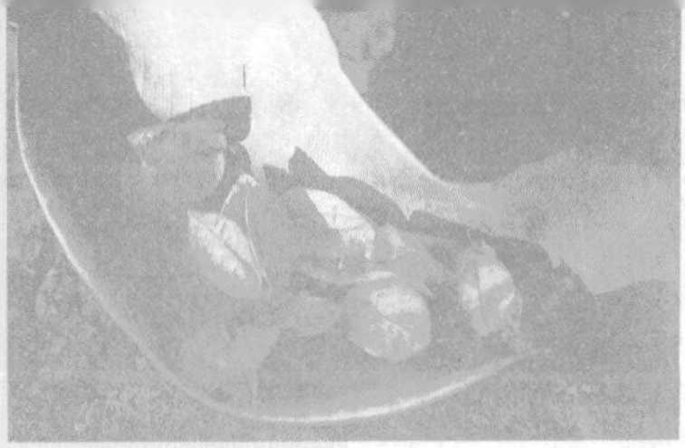

三七五

如果只計算精彩的時刻，我們的生命實在極爲短促。如果只累積帶有神聖的事跡，我們一生的功業也寥寥可數，甚至付諸闕如。

（那麼我們活過和沒有活過，有什麼區別？）

三七六

強烈的光源給站得遠遠的人一片光明和溫暖；但卻燒毀了投向它擁抱它的人。

三七七

偉大的人往往像是個強烈的光源。

（他給遙遠的衆人光明和溫暖，卻往往不能給自己的親人快樂和幸福。）

三七八

偉大的人往往是大衆的財富，但卻不是個人的私產。

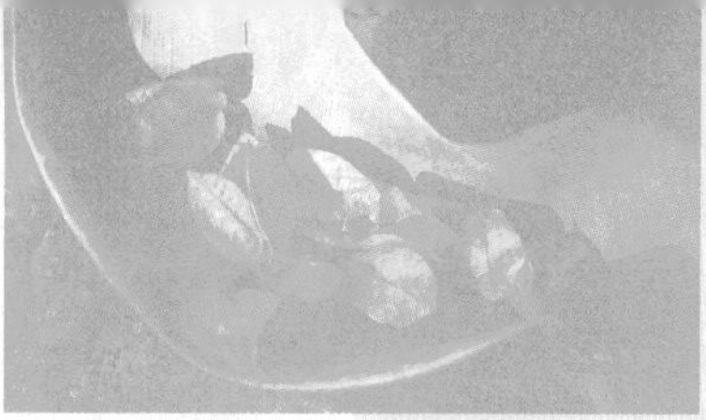

三七九

偉大的人常常難以相處。

絶頂聰明的人也往往不易親近。

三八〇

許多偉大的人和許多絶頂聰明的人，都欠缺一種宜人親近的品質。

三八一

偉大是天上的品質。

精彩、光輝而又平易近人是人生修養的極致。

三八二

明智的女子也許願意和情聖爲友，但却拒絶嫁給他。

三八三

情聖令許多女子傾倒，但却給自己的妻兒痛苦。

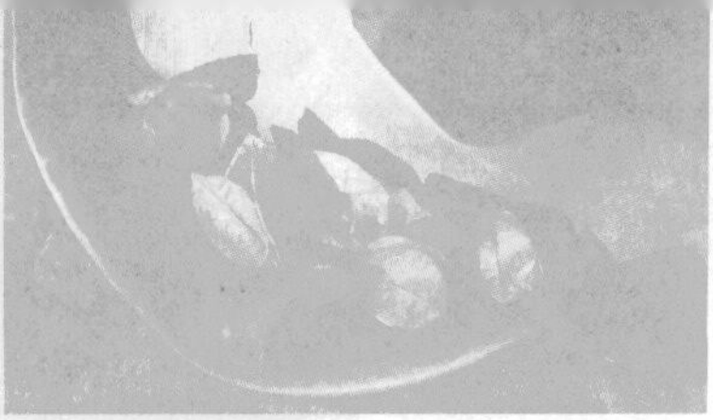

三八四

有許多人令我們敬佩，有許多人令我們羡慕，有許多人令我們激賞，也有許多人令我們傾心，但却只有很少的人，值得我們終身相依，生死相許。

三八五

在感情中，我們所需要的往往不是遙遠的啓示和無邊無際的指望。我們所追求的是人生的幸福和生命的温暖。

三八六

愛心永遠令人感到温暖。戀情有時把人從頭到尾毀滅。

三八七

熾熱的戀情需要一段安全的距離。

三八八

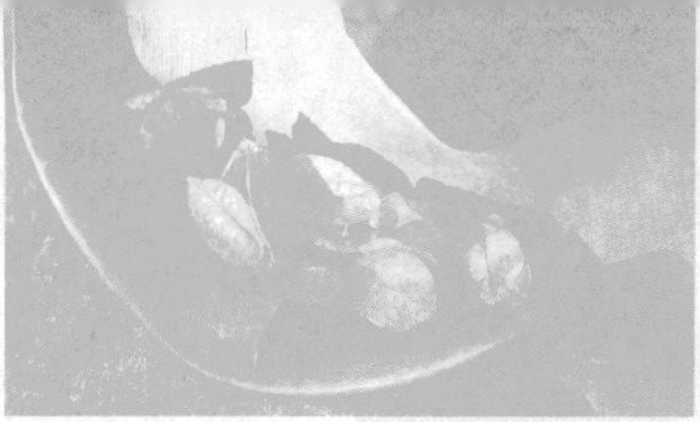

正像我們必須偶爾望一望鏡中的影子，修整邊幅端莊儀態一樣，有時我們需要離開例行的日常生活，去遊覽、去探親、去訪友、去冒險，以便反省自己生命的缺失，改進自己生命的品質。

三八九

他人的生命往往是我們人生的一面明鏡。

（這就是爲什麼閱讀傳記令人開朗和清醒的緣故。）

三九〇

生命的品質只能辛苦鍛鍊，無法輕易模仿或抄襲。

（他人的智慧無法模仿，他人的品格無法抄襲。）

三九一

生命雖然不能重新活過，但卻可以不斷加以修正和改良。

三九二

少女的神采起於對自己未來的希望。

母親的笑容來自對子女前途的信心。

Shan-tzy Ho

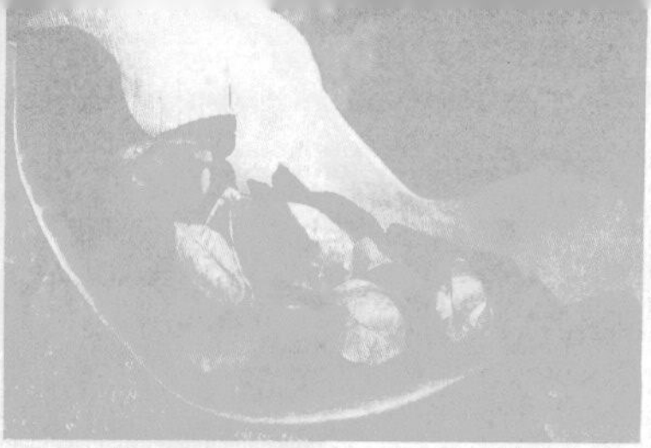

人生是一條不斷登高的路。

三九三

使用巨大的才華來料理瑣碎的雜務，往往就像利用昏庸的才略去管轄巨大的事務一樣的不智。

三九四

座居高位的，喜歡干涉芝蔴小事，就像資才昏庸的，偏要插手萬人大計一樣的危險。

三九五

喜愛斤斤計較細小事故的人，自己已經劃定了才略的極限。

三九六

人際關係的和諧和穩定有賴外在的制度和規範。可是人類生命的素質和性靈發展的高度却必須依賴內心世界的開發。

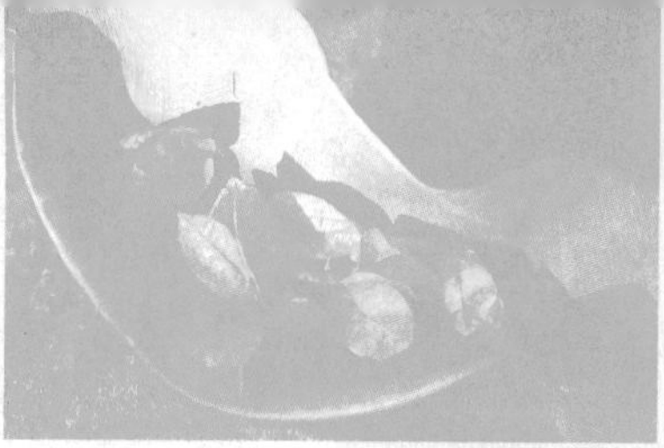

三九七

外在的規範並沒有標定人類生命的品質和性靈發展的高度。

（政治不能用來指導道德良心。）

三九八

性靈的深度決定個人生命的素質。

外在的規範保護改進生命素質的自由與權力。

三九九

教育不是在他人的腦子裏打下一個自己的烙印。

教育是在他人的心靈上點燃一根發亮的燭光。

四〇〇

人類文明所追求的不是大家思想的一致，它所尋取的是彼此心靈的交感。

四〇一

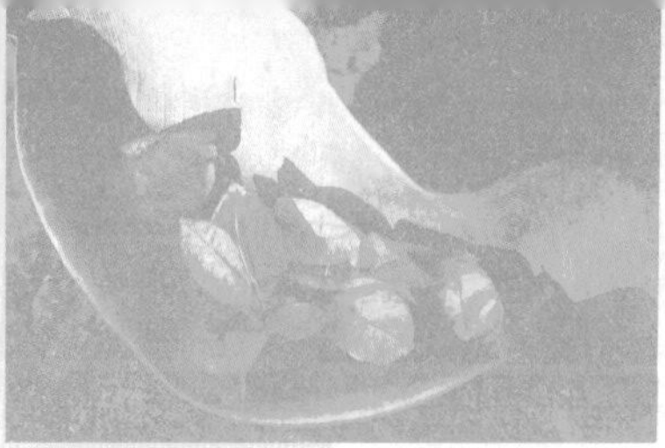

教育在於指出高超的理想，昇華人間的感情，純化世俗的欲望。

四〇二

政治是發揮少數人的智慧，成全衆多人的願望。

四〇三

教育應以發揚人性的善良爲目的。
政治却不宜將人性中的善良視作理所當然的行爲基礎。

四〇四

在落後的地方，接受教育是爲了管治別人。
在文明的地方，接受教育是爲了修養自己。

四〇五

凡俗的人多以爲鍛鍊身體爲了自己，而誤以爲孕育德性益了別人！

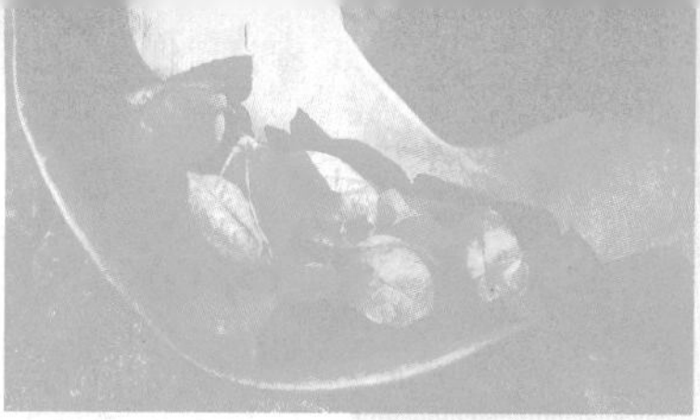

（同樣地，他們以爲追求知識爲了自己，增進道德爲了他人。）

四〇六

超凡的人深切瞭解到培養性靈總是成全了自己，追求知識與健康，反而常常益了他人！

四〇七

少女的神采起於對自己未來的希望。

母親的笑容來自對子女前途的綺思。

四〇八

鄉間的牧童騎在牛背上，戲和活潑的小鳥婉轉歌唱。

都市的孩子圍在鐵籠前，靜看脫毛的動物噬食飲啜。

四〇九

心地純樸的鄉下農夫享有與田梟野鶴爲友的樂趣。

思想複雜的都市居民充滿和人際關係搏鬥與機械設備

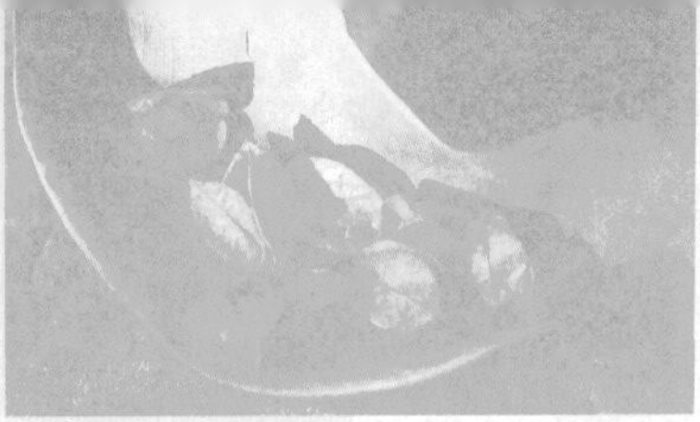

爲伍的苦惱。

四一〇

喜歡夜裏工作的人欣賞愈工作愈沉靜的世界。
愛好晨早做事的人珍惜愈做事愈清醒的自我。

四一一

夜貓善於利用自然。
早鳥勤於把握自己。

四一二

當一個人意識到可以坐享其成而不必繼續進取的時候，他業已衰老。
當一個人再也發覺不到自己的缺點，但仍看到別人的短處時，他已經無望。

四一三

由於別人發亮，因此投下我們的黑影。

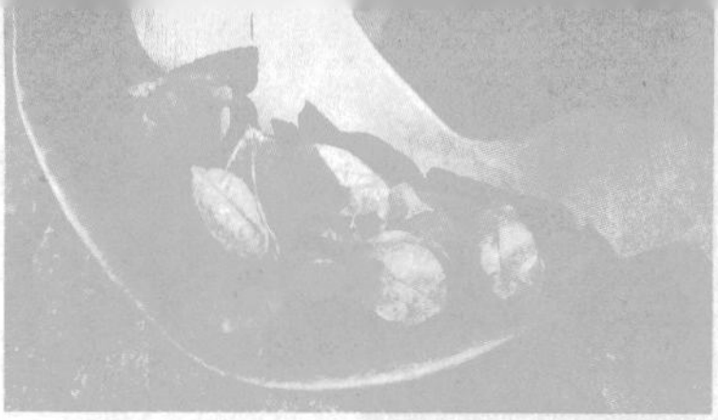

（可是也因爲別人的光亮，照出了我們的顏色。）

四一四

有些人的生命是他人美好福利的創造者。
有些人的存在是他人生活的痛苦負擔。

四一五

有些人的努力帶給別人快樂。
有些人的作爲剝奪了他人快樂的機會。

四一六

人性的建立不能依靠知識與律令。
人性的發揚全賴那些感動我們的榜樣。
（每一個人生都是一個生命的榜樣——成全人性的榜樣，敗壞人性的榜樣和無關痛癢的榜樣。）

四一七

道德是力量。

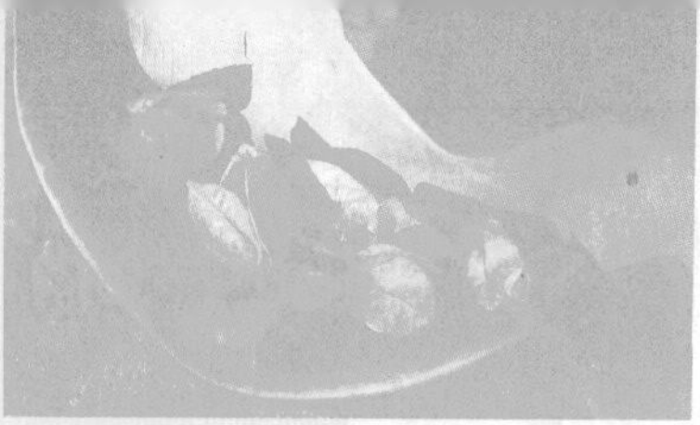

（知識是力量，道德是更高的力量。）

四一八

追逐感官的享受使人淪爲命運的侏儒。
發揮道德的力量令人變成創世的巨人。

四一九

就是在物質的層面上，我們也不能無止境地懷疑下去。特別是在精神的領域裏，往往肯定就是一種建設，懷疑就是一種破壞。

四二〇

許多精神上的存在都是靠我們自己建設出來的。
（我們成全了人性，並且進一步搭架着通往神性的橋樑。）

四二一

所有的精神價値都是文化的建設而不是自然的產物。

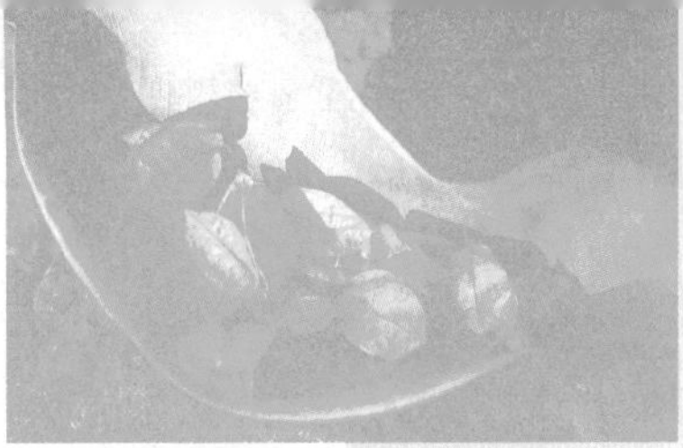

四二二

擁有一塊錢的人有一塊錢的快樂。
擁有百萬家財的人有百萬家財的煩惱。

四二三

快樂不是外在世界的產物。
快樂是內心自己妥善的處理與安排。
（給人快樂的不是外在的世界，令人滿足的是內在的平安——有智慧而又知足的人經常快樂。）

四二四

快樂是內心的清靜加上精神的豐滿。

四二五

快樂不是無憂無慮。
快樂是一切的憂慮不是在智慧裏清除，就是在愛心中解消。

对於人類而言，
最终的成就是
精神的
成就
唯一的不朽也是
精神的
不朽。

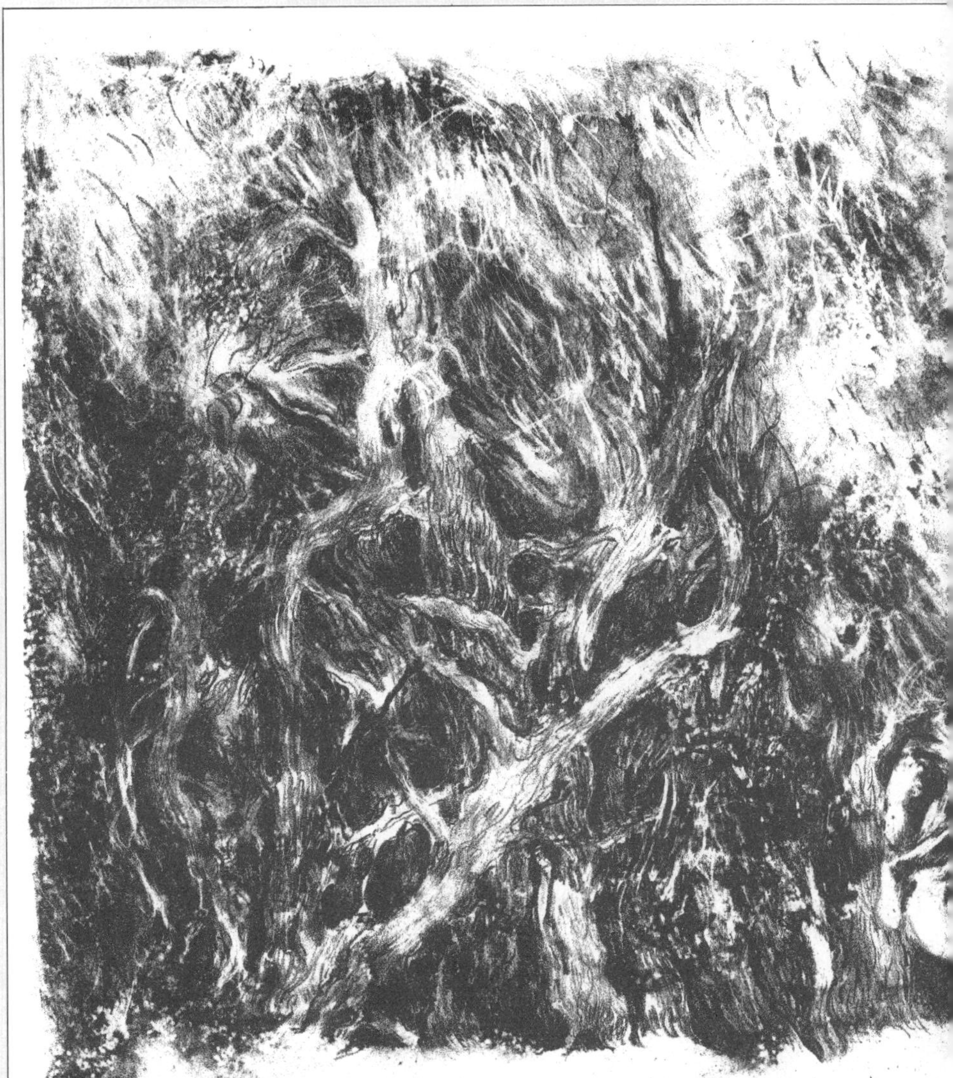
3/12

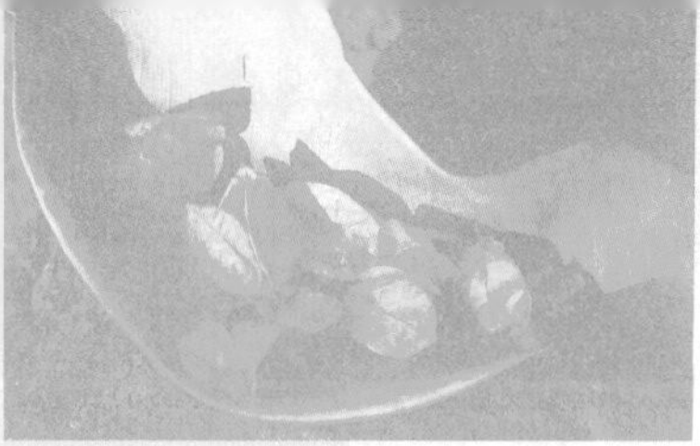

四二六

幸福是快樂的人生加上甜美的愛情。

四二七

每一個人都在追求快樂與幸福，但卻不善知足。難道世界上眞有不知足的人會有快樂與幸福？

四二八

有些人能夠幫助別人，但卻無法幫助自己；能夠給人快樂，卻無法令自己快樂。（這樣的人並非不可信賴的人，那是値得尊敬同時又値得同情的人。）

四二九

有些人只能給自己快樂，或叫別人令他快樂。他自己卻無法給人快樂，甚至剝奪他人快樂的權利。（這樣的人是個完全自私的人，與這樣的人在一起，你自己甚至失去給自己尋求快樂的能力。）

四三〇
人容易嘆怨自己的困苦而激賞他人的歡樂。

四三一
許多人互相羨慕，只因爲他們沒有瞭解彼此的歡樂與困苦。
（男人羨慕女人或女人羨慕男人，也是如此。）

四三二
只要我們稍微領略他人經歷的痛苦，迴顧自己擁有的快樂，我們就會活得更加幸福。

四三三
有時無知令人一時快樂，但是它卻無法令人永遠平安。

四三四
知識只需理解。
情懷必須加上自我實現。

四三五

自己沒有的情，就是沒有領會到的情，也就是未曾瞭解的情。

（心靈的境界也是如此：未曾達到的心靈境界就是沒有領會的心靈境界，也就是未曾瞭解的心靈境界。）

四三六

從物理的觀點看，人是龐大宇宙中的微小侏儒。可是從精神的發揚來看，人是蒼茫天地裏的頂天巨霸。

四三七

對於人類而言，最後的成就是精神的成就，唯一的不朽也是精神的不朽。

©人生小語（二）

著　者　何秀煌
發行人　劉仲文
繪圖者　侯淑姿
出版者　東大圖書股份有限公司
總經銷　三民書局股份有限公司
印刷所　東大圖書股份有限公司
地址／臺北市重慶南路一段六十一號二樓
郵撥／○一○七一七五一○號
初　　版　中華民國七十七年七月
五　　版　中華民國七十九年十二月
增訂初版　中華民國八十年六月
編　號　E 85152
基本定價　貳元貳角貳分
行政院新聞局登記證局版臺業字第○一九七號

ISBN 957-19-0075-8（第二輯：平裝）

人生小語（二）
編號 E85152
東大圖書公司